イギリスでホームステイ
女王の国のマナーブック

サイモン・チャールズ・レイボーン

は　じ　め　に

　長期、短期に関わらず、初めて留学をする場合、多くの人が「ホームステイ」を希望するのではないでしょうか。ホームステイをする側からすると、ホストファミリーと一緒に生活をすることで、その国の文化や考え方を肌で感じられることがまず魅力的。そして会話をもてる量も多いから、一人でどこかにステイするより英語も伸びるだろうし、何ていったって安全、といろいろな面でメリットは多そうです。

　そんな理由も手伝って、ホームステイのプログラムは根強い人気がありますが、それと同時にステイする側、受け入れる側の双方で、不満や問題を抱えて楽しいホームステイではなくなってしまうケースも増えています。

　問題の発端となる原因の中には、人間同士のウマが合うかどうか、といったことも考えられるかもしれません

が、どんなに親しい友達だったとしても、あなた自身がまず「招かれざる客」であるのであれば、家にステイしてもらうのは「No, thank you.」となってしまいます。

　英語で自分の言いたい事を伝えられる、コミュニケーションが充分にとれること以前に、その国の一家庭に快く受け入れてもらえる「ゲスト」としての基本的な考え方や言葉の使い方を是非、知っておきたいものです。

　国内でも、例えば親戚の家に泊まったりした時に、「へえ、この家ではこんな習慣があるのね」「うちでは、こんなことしないのに」と感じたことは、きっと誰でもあるでしょう。これも一種の「小さなカルチャー・ショック」です。ところが、国が違うとなれば、食文化も、考え方も、価値観は大きく違ってきます。

この本では、あなたが他の国でステイをする時にカルチャーショックを起こすことがないよう、様々な日常のシチュエーションの中で、どんな考え方や態度をもってホストファミリーと接していけばよいのかを、受け入れるホストファミリー側の立場から、いろいろとアドバイスをしてみました。

　イギリスの文化や、生活習慣、マナー、考え方などを紹介しながら、日常生活の中で使える英語も挙げてみましたが、ここで紹介できるのは、ほんの一例でしかありません。特に手紙の書き方や、テーブルマナーなどは細かくつきつめてしまえば、それぞれで一冊の本が出来上がってしまいますし、英語は映画のセリフのように、「この場面ではこれ」と一つだけを当てはめていくことがまず不可能です。

　どこに行っても私たちが紹介してい

るものが一番で、これ以外はダメ、と言いたいのではありません。あくまでも、これを知っていれば恥をかいたりせず、「またうちに是非ステイしにきてね」と言ってもらえるゲストになれるようなポイントを、できるだけ網羅したつもりです。

　ホームステイをする前に最初から最後までじっくりと読んで、ステイ中に冷や汗をかいたり、こんな時はどうしたらいいの？何て言ったらいいの？という時に役立つガイドブックとして活用してください。また、ホームステイプログラムを終えた方、英語をもっともっと勉強したい、英語やマナーに興味がある、という方にも是非楽しみながら読んでいただければと思います。

CONTENTS

CONTENTS

CONTENTS

CONTENTS

CONTENTS

CONTENTS

本書の構成、活用法

　本書は全部で8章から構成されています。各章では、ゲストとして心得ておきたいエチケット、日本人がよくやってしまう、いけないマナー、ステイ中に起こりうるシチュエーションを想定した英語集、そして、失敗しないホームステイや英語学習のコツをアドバイスする「サイモンの一言」から主に成り立っています。

本書で紹介している英語の表現やダイアログには、3つのパターンがあります。

1. A、Bとでのやりとりからなるロール・プレイ形式のもの。会話は相手と自分の使う言葉でいくらでも変わってきてしまいますから、そっくりこのまま使うということはなかなかできません。使っている言葉や表現をよく見て、流れを理解するのに役立ててください。

2. 対訳をつけている表現集。単語集にある単語と組み合わせて、TPOに応じた言葉や表現方法を使い分けられるようにしておくと便利です。

3. シチュエーションで使える、例文集。日常生活の中のいろいろなシチュエーションで、こんな事を言いたいけれどもわからない、というときに活用してください。

　ちょっとした表現の違いや言葉の選び方で、英語でも丁寧語、敬語が表せます。本書では、丁寧さの度合いを★の数で表しています。初対面や丁寧な言い方が必要と思われるときは★の数が多いものを、だんだんホストファミリーと親しくなってきたころに★の数が少ないものを、家族の一員としてコミュニケーションをしていくときは、★の表現をつかってみてください。
★の数が多いほど丁寧な表現になります

★★★Formal
★★　Normal
★　　Fomily & Friendly

Chapter 1
ホームステイをする前に

　はじめてのホームステイ。海外旅行なら何度も行ったことがある
けど、それとは違うんだろうな。とってもどきどき。だって、人の
家に泊まりに行くなんて。しかも全く知らない人の。さらにそれは
海の向こうの国の家庭なんて！

　家は大きいんだろうか、つたなんかからまってたりして。　部屋は
いくつぐらいあるのかな？　……なんかとても想像できない。だっ
て、映画や雑誌で見たことがある家って結局は作り物だし、普通に
暮らしているお家なんて、そうそう見る機会なんてないじゃない？

　そうだ、お土産買わなきゃ。これはやっぱり礼儀正しい日本人と
しては欠かせない。しかし、何がいいのかな
あ。よく日本ぽいものなんてガイドブッ
クには書いてあるけど、だいたい、
今時、全世界どこにいったってた
いていのものは売っているでしょ。
アジアンテイストのものが好きな
人だったら、日本の置物のひとつや
ふたつ、持ってたっておかしくないは
ずだし、持ってないとしたら、そういうの、
趣味じゃないんじゃないかなあ。

　食べ物なんてどう？　「美味しかったね」って時間を共有できる
し、気に入らない置物飾っておくよりよっぽどいいんじゃないか
な？　そう、食べ物、食べ物。

　いや、お土産なんか悩んでいる場合じゃない、服何持っていく？
イギリスの人って普段着はどんなの？　ジーンズじゃあまりにも失
礼かしら、パジャマは？　スリッパは？　暑いの？　寒いの？　洗
濯させてもらえるのかなあ、あ、あ、ちょっと待って！　もう出発
日まで時間が…　いったい何持っていったらいいの？

Essentials　最低限のエチケット

郷に入れば郷に従え!

みなさんは楽しみや刺激を求めて海外にやってきますが、ホストファミリーからすると、「よそのウチの大事なお子さん、お客様を預かっている」という気持ちが強いのです。相手の立場を考えてホストファミリーとのコミュニケーションを常にとり、勝手な行動は慎みましょう。

これを機会に、もう一度自分のマナーを見なおしてみたいものです。まず

はハウス・ルールから簡単にチェック。ここに挙げたルールはどこの家でも常識であろうものの、ほんのガイドとしての一例です。突き詰めれば、もっとたくさん出てくるでしょうし、その家ならではのしきたりも含めれば、何百、何千のルールが挙がってくるでしょう。この "The House Rules" をもとに、あとは生活しながら、皆さん自身で増やしていってみてください。

The House Rules

1. If you open it, close it.
2. If you turn it on, turn it off.
3. If you unlock it, lock it.
4. If you break it, repair it or replace it.
5. If you can't fix it, have it fixed.
6. If you borrow it, return it in good time and remember your thank yous.
7. If you use it, take care of it. It hasn't become yours.
8. If you make a mess, clean it up.
9. If you move it, put it back.
10. If it belongs to somebody else and you want to use it, ask. 'Please' is an essential word.
11. If you don't know how to operate it, leave it alone until you ask.
12. If it doesn't concern you, don't involve yourself.
13. When you go out, tell your host family where you go and what time you'll come back. Never forget your greetings.
14. If you come home late for some reason, phone up your host family and tell them the situation and your estimated arrival time. Remember to apologize.
15. Leave everything as you find it, or bettered.

Letters　手紙を出す

あなたのゲストはこんな人!

ホストファミリーが決まったら手紙を書きます。かしこまって長い手紙を書く必要は決してありません。自分をゲストとして受け入れてくれてありがとう、という気持ちや、訪問する前に自分がどんな人間なのかを紹介する内容のものを書きましょう。パーソナルな手紙になりますから、自分の気持ちや、伝えたいことを自由に表現するのが一番です。手紙を書くマナーに関しても、本当にたくさんの種類やルール、マナーのポイントがあり、詳しく書いていくと一冊の本が出来上がってしまうくらいです。

ここではホームステイ前に手紙を書くにあたって知っておきたい、手紙の基本マナーにほんの少しだけふれてみます。

再度また同じ家庭にステイする場合、またはホーム・パーティーなどのお誘いに対して返事をする時は、電話での返事でも構いません。フォーマルかそうでないかの判断は、ホストから、書面でインビテーションを受けたかどうかで決められると考えてよいかもしれません。ただ、たとえ相手が電話や口頭で誘ってくれたとしても、書面を送る時間があるのであれば、手紙を出すほうが、より心がこもっていて丁寧です。

また、海外でも瞬時に届くEメールを利用した方がいいと思う人もいるでしょう。でも手紙にはEメールにはない良さがたくさんあります。相手の事を思いながら便箋を選ぶところから始まって、字が下手でも時間をかけて書き、ポストに入れ、少し日が経ってから、「もう手紙は届いたかな。今ごろ読んでいるころかな」とか、「日本のあの切手を見てどう思ってくれるかな」など、いろいろな想いがふくらむのは楽しいものです。

受け取る方も、ポストに入っている手紙を見つけて、封を開けて読むときはちょっとわくわくするもの。何でもスピーディに合理的に進む今だからこそ、もっと手紙を出す習慣を大切にしていきたいですね。

1 紙を選ぶ

フォーマル	白、クリーム色、薄いブルー
ビジネス	薄いブルー
ノーマル	特に指定なし （自分の好みで選べます）

フォーマル、ビジネス、ノーマルのどの手紙でも、罫線の入った紙は使わないでください。それから初めて伺うお宅に対しては、ポストカードは使ってはいけません。

2 形式

手紙は黒か青の万年筆を使って書きます。ボールペンや、ペンなどはダメではありませんが、やはりきちんとした手紙としては、万年筆が好ましいです。ワープロ打ちはビジネスでは見やすいため、好まれますが、パーソナルな手紙の時は避けます。時々、鉛筆書きの手紙を書く人も見受けますが、鉛筆書きは問題外です。

手紙の書き出し

住所と日付を必ず書くこと。住所は斜めに書く。文章の書き出しは、名前の3文字目あたりから書き始める。その後からは、宛名の頭に揃えるようにします。

手紙の結び

●Yours sincerely
（やや硬い感じ）
●Yours faithfully
（ソフトな感じ）
このどちらかのフレーズを書きその下に自分の名前を書いて結びとします。best regards, best wishesは最近ビジネスで使われていますが、上の2つに比べて、やや カジュアルなので、初めて書く手紙には向きません。

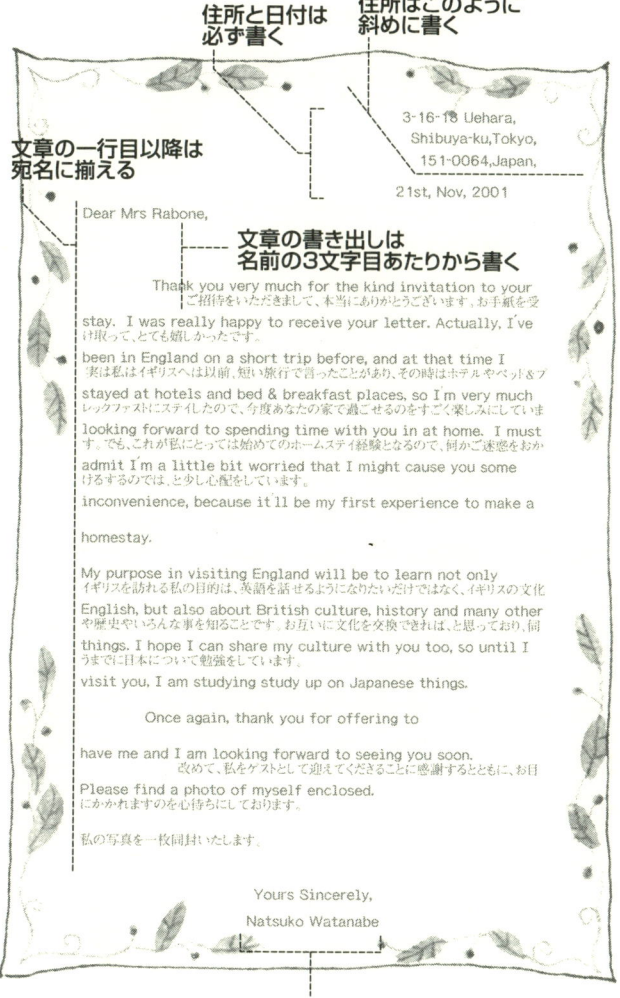

住所と日付は必ず書く

住所はこのように斜めに書く

3-16-18 Uehara,
Shibuya-ku,Tokyo,
151-0064,Japan,

21st, Nov, 2001

文章の一行目以降は宛名に揃える

Dear Mrs Rabone,

文章の書き出しは名前の3文字目あたりから書く

Thank you very much for the kind invitation to your
ご招待をいただきまして、本当にありがとうございます、お手紙を受

stay. I was really happy to receive your letter. Actually, I've
け取って、とても嬉しかったです。

been in England on a short trip before, and at that time I
実は私はイギリスへは以前、短い旅行で言ったことがあり、その時はホテルやベッド＆ブ

stayed at hotels and bed & breakfast places, so I'm very much
レックファストにステイしたので、今度あなたの家で過ごせるのをすごく楽しみにしていま

looking forward to spending time with you in at home. I must
す。でも、これが私にとっては始めてのホームステイ経験となるので、何かご迷惑をおか

admit I'm a little bit worried that I might cause you some
けするのでは、と少し心配をしています。

inconvenience, because it'll be my first experience to make a

homestay.

My purpose in visiting England will be to learn not only
イギリスを訪れる私の目的は、英語を話せるようになりたいだけではなく、イギリスの文化

English, but also about British culture, history and many other
や歴史やいろんな事を知ることです。お互いに文化を交換できれば、と思っており、伺

things. I hope I can share my culture with you too, so until I
うまでに日本について勉強をしています。

visit you, I am studying study up on Japanese things.

Once again, thank you for offering to

have me and I am looking forward to seeing you soon.
改めて、私をゲストとして迎えてくださることに感謝するとともに、お目

Please find a photo of myself enclosed.
にかかれますのを心待ちにしております。

私の写真を一枚同封いたします。

Yours Sincerely,
Natsuko Watanabe

結びは中央にバランスよく配置

3 書き終えたら封筒に入れる

自分の写真を同封するのも忘れずに!! できれば、自分の家族と一緒に写っている写真がよいでしょう。パスポートに使うような証明写真は間違っても送らないように。リラックスした自然な状態での写真を用意してください。

4 郵送する

インビテーションを受けたら、できるだけ早く書いて送ります。

Presents & Souvenirs　贈り物を選ぶ

持っていくと喜ばれるお土産は?

　ホストファミリーにはお世話になるのだからお土産を持っていきましょう。お土産は英語でsouvenir, present, gift。

　お土産でも、特にこのsouvenirという言葉には記念品、という意味を含んでいます。そのsouvenirを見ることで、持ってきてくれた人や、その人との思い出が浮かんでくるようなものだと考えてください。それほど強い思い入れがない一般的な贈り物がpresent, giftになります。

　日本で「～に行ってきました。これはその時のお土産です。」といって人に差し上げるのは食べ物であることが多いので、海外に行くときも食べ物を持っていけばいいのかな?　とも思ってしまいがちです。しかし海外にsouvenirを持っていくのであれば、何か日本特有のものを選ぶことをおすすめします。

　日本特有のもの、と考えた時に、お箸や扇子が頭に思い浮かびます。あなたが日本文化を紹介しながら使い方を教えるのであれば話しはまた別ですが、相手が使い方のわからないものや、あまり実用的でないものはどんなものかと思います。

　イギリス人の場合、ドール・ハウスやウェッジ・ウッドの陶器やアンティークが好きな人が多いので、和の雰囲気をもつ置物や陶器などは喜ばれるのではないでしょうか?　あなたが贈ったsouvenirを眺めながら、「なつこがウチにステイした時も、毎日天気が良くて、ちょうどこの庭の花が咲いていたわよね」と思い出してもらえるようなものを、あなたのセンスで選ぶようにしましょう。

Things you need　生活用品

シャンプーはいる？　いらない？

どのあたりまで、自分のものを用意したらいいのかは悩むところです。ステイする先の家の考え方もそれぞれですが、通常、ホームステイにゲストを招く場合、ホストは家族の一員として迎えるため、シャンプーやリンス、タオルなどの日用品は自分の家のものを使ってもらうつもりでいます。

あなたが到着した日に、どうぞ自由に使ってください、とあれこれ説明してあげるのが、言ってみればホスト側のマナーです。

しかし残念ながら、そういった家庭ばかりではなく、今まで聞いた例では、ゲストに向かって「ウチのものは一切使わないで。生活用品は全部、自分のものを使ってね。」と言ったホストファミリーもいたそうです。これはもちろん悪い例の一つですがもし、あなたのステイした家庭がそうであるのならば、必要なものは現地で調達します。

Please, Thank you, Excuse me を忘れずに！

　例えみなさんが、今の自分の英語力が不足している、と思っているとしてもこの3つの言葉Please, Thank you, Excuse meを言うのは忘れないでください。英語をとても流暢に話せる人でも、お茶を出してもらって「Thank you」を言わない、頼みごとをしているのに「Please」を言わないことは多々あります。考えてみれば基本的なことですが、この3つの言葉は本当にホームステイのキーワード。ホームステイに限らず、いつでも、どこでも、円滑な人間関係を作り出してくれます。ただ難しいのは実際に生活をしてみないと、どんなシチュエーションで言うべきか、ということです。よく聞いていると、ネイティブ・スピーカーは本当に様々なシーンでこれらの言葉を使っています。でも日本人の場合、「すみません」は「ありがとう」でも「ごめんなさい」でも「宜しくお願いします」でも使えてしまうオール・マイティーな言葉のためなのか、ニュアンスを使いわけるのは最初のうちは難しいことなのかもしれません。誰かにものを頼むときは「Please」、手間をとらせる時や、失礼するときは「Excuse me」、感謝の気持ちを添えるときは「Thank you」という気持ちをもち、言葉で表現するのは世界共通、マナーの根元にある考え方です。このたった3つの言葉を言わないことが、近代社会ではなんだか当たり前のようになってきてしまって、とても残念な気がします。

サイモンの一言

SIMON CHARLES RABONE

Chapter 2
ホームステイ先での生活

　飛行機、乗っちゃった。もうあと数時間でイギリス。なんか、出発前はばたばたしていて、ガイドブックもよく読んでいない。行きたいところがたくさんあるんだけど、ホストファミリーは連れて行ってくれたりするのかなあ？　本とか雑誌にはよくホストファミリーはフレンドリーで週末のたびにあちこち行きました、なんて書いてあるけど、ホントなのかな？　私のステイ先は小さい子供がいるお家。そんなに私にかまってはいられないだろうな。

　というか、急に不安になってきたんだけど、実は私、英語があんまり、それどころかほとんどできないんだよね。まずは挨拶でしょ。やっぱり。始めに自分の名前を名乗ると。「My name is 〜」そして「初めまして」かな？「How do you do!」でよかったんだっけ？もちろん握手、だよね。私にだってそれぐらいはわかる。一応ね。だけどその後は何を話せばいんだろう？

　その前に、空港で電話してねって言われているんだけど、公衆電話のかけ方なんて、わからないよ、ふつう。まあ、ガイドブックに書いてあるとおりに小銭入れて、番号押せばかかるのかな？　わからなければ、誰かに聞けばいいか。

　そうそう、お家に到着する時間を伝えとかなきゃ。とはいえ、だいたい初めての土地で、電車の乗り方もよくわからないんだし、何分ぐらい電車に乗っていれば着くのかもわかんないよ！遅れるよりは早く着いた方が印象がいいだろうし、遅めの時間を言っておこうかな。着いてそうそうお腹がすいた、なんて言えないから空港で何か食べていこうっと。

Arriving　到着

空港に着いたらまず電話

ホストファミリーが空港に迎えに来ていない時は、自分がちゃんと無事に着いたかどうか、どの辺にいるのかどうかの連絡を途中で入れるようにします。フライトの時刻などは、ホストファミリーのほうでも確認しているでしょうが、国際便は大幅な変更があることが多いですし、海外から時間をかけてやって来るゲストの安否はやはり気になります。少なくとも空港でまず一本、そして最寄りの駅からまず一本電話をかけることで、あなたがトラブルなく自分たちの家へ向かっていること、何時頃に到着するのかを相手に伝えることができるのです。

また途中で何か出来事が起こり、変更などが出た場合はできるだけ早く自分の状況を報告するようにします。

ホストファミリーの家へ到着する時間に関しても、知っておきたいポイントがいくつかあります。誰かの家を訪ねるときは、指定された時間よりもやや遅め（目安として約束の時間の10秒前から10分後の間）に着くのが望ましいとされています。自分の都合で早く着いたからといって、時間調整もせずに訪問するのはやめましょう。

なぜならば人を迎えるにあたって、タイミングを計りながらいろいろな準備をおこなっているわけです。まだ最終準備が済んでいないうちに、あなたがやってきてしまったとすれば、準備途中でお客様を迎えることになり、ホストに対して恥ずかしい思いをさせることになってしまいます。

何らかの事情で早く着き過ぎてしまったら、どこかで時間をつぶして、約束の時間より10分以上遅れてしまうようであれば、電話の一本を入れるのがエチケットです。

それより更に遅れてしまう時は、訪問してもよいかどうか、もう一度許可を得る電話をしましょう。電話で遅れると伝えてあるからといって、いつでもかまわず行ってよいのかというわけではありません。

Staying　家を訪問する

留守宅のドアに手をかけたら泥棒!?

　日本では、セールスマンなどが勝手に門を開けて入ってきてしまうことがあるので、他人の家の敷地にある程度踏み込んだとしても、危ない目に遭う確率はかなり少ないといえます。しかし、海外では「自分の身は自分で守る」精神が根付いています。一歩行動を間違えば、あなたは「不法侵入者」と間違われる可能性が。

　玄関のドアの横にベルがあっても、門のある家であれば、門がその家の入り口です。門のベルを鳴らして、応答を待ちます。中からの応答がないからといって、絶対に勝手に門を開けて敷地内に入ってはダメです。

　何度かトライして誰も出てこないようであれば、そのお宅は留守です。もし、約束をしていたのに誰も出ないという時は、その家の周辺をいったん離れ、その家に電話をかけます。家の周りをウロウロしたり、玄関や門の前で待っていたりすることもしないでください。

　ちょっとした行動が引き起こすトラブルで命取りにならないように、ぜひとも気をつけたいものです。

> **Don't** 勝手に門や家のドアを開けない、敷地に入り込まない
> **Do** ベルを鳴らして、家の人が応答するまで外で待つこと

★★★
A: Welcome!
B: Thank you very much for the welcome.

★
A: Hello, please come in.
B: Thank you.

| ステイをさせて下さって
ありがとうございます | 1. Thank you very much for
having me.
2. Thank you very much for
letting me stay with you. |
| お会いできるのを
ずっと楽しみにしてきました | I've been looking forward so
much to meeting you. |

Introductions　はじめての対面

目は口ほどにモノを言う!

　はじめてホストファミリーと会う時は本当に緊張するものです。英語を話すことに対して不安があったり初対面で緊張してしまう気持ちはわかりますが「人は第一印象で決まる」というように、これから一緒に生活をしていく家族に、言葉を発する前にマイナス・イメージを与えてしまわないようにしましょう。

　目は口ほどにものを言います。あなたの何気ない表情やジェスチャーは知らないうちに相手にいろんなメッセージを伝えています。話している人の目をまず見てください。欧米圏では、アイコンタクトをとらないことは、とても失礼なことになります。この行為は、相手とコミュニケーションをとりたくない、という意思表示として受け取るため、アイコンタクトをとらない日本人とのコミュニケーションは、コミュニケーションをとりづらいだけでなく、とても不快なことでもあるのです。

　あごをあげて、正しい位置顔を向けます。顔をどのような角度に向けるかは、コミュニケーションをする上で常に意識したいこと。多少、英語がまずかったとしても、このプレゼンテーションがよければ、相手に好印象をもってもらえます。

　逆に英語をきれいに話せても、相手に悪い印象を与えてしまうのであれば、そんな人を受け入れてしまうホストファミリーは「これからのステイが思いやられる」と思うのではないでしょうか。英語を話すことにナーバスになって、上目遣いに挨拶してしまったりしていませんか？　恐る恐る手を差し出して握手をしていませんか？

★★★

A: How do you do?

B: I do well, thank you and how do you do?

A: I do well, thank you, too. I'm Simon Rabone. Nice to meet you.

B: I'm Chikako Nagayama. Nice to meet you, too.

★★

A: How do you do!

B: How do you do!

A: I'm Greg Thomson. Nice to meet you.

B: I'm Reiko Kato. Nice to meet you, too.

★

A: Hello! I'm Chris. Nice to meet you.

B: Hello! I'm Minako. Nice to meet you, too.

Note:相手の名前を入れることで好意、愛情を示します。

「How do you do?」は「はじめまして」。人と初対面で会うときに使うものと頭に刷り込まれていますが、実は以前は「How are you?」と同じように使っていた挨拶です。センテンスを見てみればわかるように、Howから始まる疑問文です。純粋には「生活はうまくいっている？」「調子はどうですか？」という意味だったのです。それがだんだん略式化され、「How do you do?」「I do well.」ときちんと答えるかわりに、「How do you do?」に対して「How do you do?」と返すぶつかるパターンが一般化してきました。ビジネスなど、マナーが要求されるシーンで使いたいのであれば、この上の挨拶のほうが相応しいでしょう。

Don't!　気をつけよう！
日本人はよくこんなことをする

自己紹介する時は、「My name is…（私の名前は）」と言うこと、と学校で習った私たち。ところが、これは人と会って挨拶をするシチュエーションにはふさわしくない言い方です。自分をアピールするので、「I'm…」を必ず使ってください。同じように、相手の名前を聞きたいときは、「What's your name?」というセンテンスを習いましたが、実はこれは大変失礼な聞き方なのです。会っていきなり、「あんた、名前は？」と聞くのと同じことになってしまいます。「What's your name?」「My name is…」を使うのは、例えばスポーツ・ジムのカウンターや学校、病院などの受付、警察での取り調べの時。事務的な言い方です。「What's your name?」ではなく、「May I have your name, please?」を使いましょう。

あなたもやっていない？

　私たちが普段何気なくやってしまっている行動の中には、欧米圏の人たちにとって受け入れがたい、又は理解しがたいものがあります。英語がきちんと話せているのに、「この人なんだかヘン！？」と相手に思われないよう、何が変だと思われてしまうのか、ちょっとみてみましょう。

周囲に対する状況判断の鈍さ

人に対して平気で背を向けたり、話をしている人の間を何も考えずに横切っていったりしていませんか？

優柔不断

「Maybe」「I can't decide now.」日本人の口からよく聞かれるこの英語。即決即答型の欧米人にとっては、理解できないメンタリティーです。

恥ずかしがりや

間違いたくない、そんな気持ちから、あなたはびくびく、もじもじしていませんか？

相手の目を見ない

人と話しをする時に、目線をそらしてはいませんか？英語圏では、英語を話すときに目を見て話すのは最低限のマナーです。

照れ笑い、苦笑い

日本人の薄笑いは、欧米圏の人ににとっては、とても不気味な行動です。

あなたはケンカを売ってるの？

あごを落として上目づかいに相手をみたり、腕を組みながら相手と話しをするのは、相手を拒否する意味を持つボディ・ランゲージ。

29

Around the house　家の中を案内してもらう

誉められたらやっぱり嬉しい

家のサイズそのものもさることながら、日本の家と違って大きなお庭があったり、プールのついた家もあったりと、まるで映画にでてくるような海外のお家。また家自体のサイズはさほど大きくなくても、一歩、家に踏み込んで伝わってくる空気に触れると、「海外にホームステイに来た」という気持ちも高まります。欧米の家庭では、その家が大きい、小さいに関わらず、自分の家に対して「きれいにディスプレイして、自慢の家（お城）をみてもらいたい」というプライドをもっています。

なんて静かな所なんでしょう！	**What a quiet area!**
面白い飾りですね！	**What an interesting ornament.!**
素敵なお庭ですね！	**What a lovely garden!**
この庭が大好きです	**I love your garden!**
この写真が好きです	**I love that portrait!**
きれいな花瓶ですね	**That's a beautiful vase!**

Don't 家の中のものは勝手にさわらない
　Do 何かをしたいときは、必ずホストの許可を得て
　Do わからない事があったら、事を始める前にホストに尋ねよう
　Do 物を使ったり触ったりしたら、使う前の状態か、もっと良い状態で元に戻すこと
　Do 「素敵！」「いい！」と思ったことは、どんどん相手に伝えましょう
Don't 到着した時ばかり、ほめ言葉を口にしない

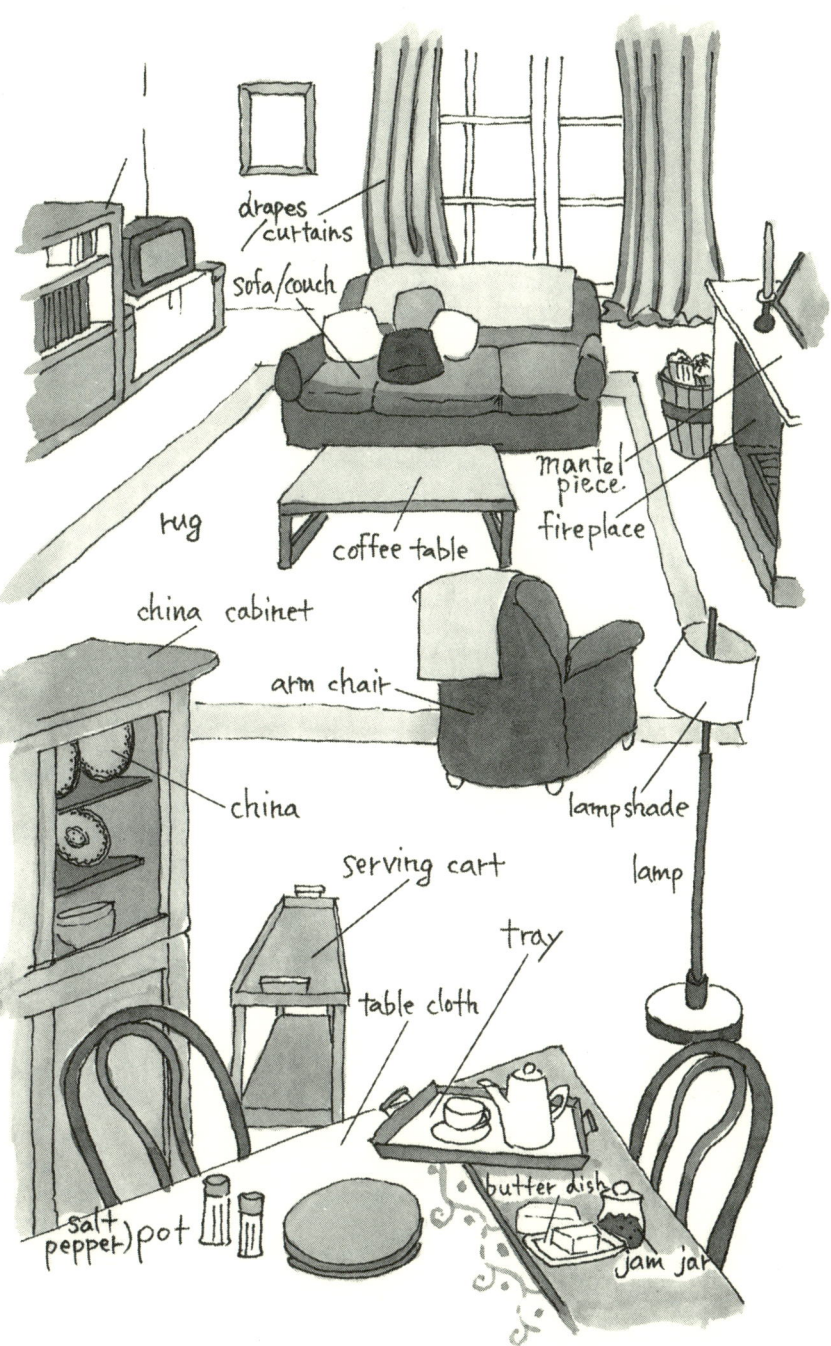

drapes / curtains

sofa / couch

mantel piece

fireplace

rug

coffee table

china cabinet

arm chair

china

serving cart

tray

lampshade

lamp

table cloth

salt pepper) pot

butter dish

jam jar

　ああ、びっくりした！　あやうく警察を呼ばれるところだった。思っていたよりスムーズに行けたから、ずいぶん早く着いちゃったんだよね。門のところのベルを押しても誰も出てこなくて、タクシーの運転手さんが、「ドアのところのベルを鳴らしてくれば？」なんて言うもんだから、門を開けて中に入ろうとしたの。そしたら隣の家から人が出てきて「何者だっ！」と大騒ぎ。まさか、トランク持った泥棒はいないでしょ。見ればわかるじゃない！　それにしてもタイミングよくマザーが帰って来てくれて助かった！

　でもマザーもファザーもとってもいい人。心配していた挨拶もなんとかこなせて、その後は家の中を紹介。まずはファザーがトランクを持ってくれて私の部屋に。クローゼットの場所や暖房器具の使い方、窓の開け方などを教えてくれて、その後はマザーといっしょにトイレやシャワールーム、キッチン、リビングと家の中を全部見てまわった。

　これがイギリスの普通の家庭なんだ！　二人とも絵が好きみたいで家中のあちこちにいろんな絵や壁飾りが飾ってあって、「私も絵が好き」って言ったら、とても喜んでくれた。リビングもインテリア雑誌で見たようにお洒落で、それでいてちゃんと生活感があって、ちょっとの間とはいえ、こんなところで暮らせるなんて、嬉しくなってきちゃった！

　きっと家だけじゃなく、ちゃんとした生活習慣も持っているんだろうな。さあ、明日からここの家の人たちと同じような生活がちゃんと送れるかしら？

Everyday greetings　朝、起きたら

日本人はいつも「絶好調」!?

　一日は挨拶から始まります。ホームステイに限らず、挨拶は生活の中で一番大事なこと。中学のはじめに習った挨拶なんて今さら…と侮らずに、自分は正しい挨拶ができているかどうか、もう一度チェックしてみましょう。日本人の挨拶は、100人に聞いても、100人から「I'm fine, thank you.」と機械的な答えがかえってきます。具合の悪い時でも「I'm fine, thank you.」とは言いませんよね。

　ネイティブスピーカーがよく言うのは、「日本人に挨拶をしても、挨拶を返してこない」ということ。「How are you?」「Fine, thank you.」と一方的な挨拶で終わってしまうのです。相手はあなたを気遣って聞いてくれているわけですから、必ず「How are you ?」とこちらからも相手を気遣う一言を忘れず

に。いつも挨拶を受けるばかりではなく、こちらから声をかけるようにもしてみましょう。

　お客様がよく眠れたかどうかもホストは気になるものです。ましてや遠い日本からはるばる来たとなれば、なおさらのこと。そんなホストの気持ちを考えて英語を話さなくてはいけません。英語がなかなかうまく話せないうちは、言葉のもつニュアンスにまで気を配れないものですが、だからといってダイレクトに何でも言ってしまうと、相手に対してとても失礼になってしまいます。「I'm well. I'm fine.」だけで挨拶を終わらせるのではなく、「ぐっすり、よく眠れました」といった一言を付け加えるのも時には必要です。

「How are you?」と聞くと、「How are you?」とエコーのように質問が返ってくることがよくあります。これを繰り返していると永遠に挨拶が続いてしまうことに！　紹介しているダイアログを参考に、きちんとした挨拶ができるように練習してみてください

1. A、Bともに元気な場合

A: Good morning!

B: Good morning!

A: How are you?

B: I'm well, thank you and how are you?

A: I'm well, too.

B: That's good.

2. Aは元気だが、Bが調子が悪い場合

A: Good morning!

B: Good morning!

A: How are you?

B: Actually, I'm not so well.

A: Oh, what's the matter?

B: I think I've got a cold.

A: Really? Please take care of yourself.

B: Thank you I will, by the way, how are you?

A: I'm well, thank you.

B: That's good.

3. A、Bともに調子が悪い場合

A: Good morning.

B: Good morning.

A: How are you?

B: Actually, I'm not so well.

A: Oh, what's the matter?

B: I've got a stomachache.

A: Really? Please take care.

B: Thank you I will, by the way, how are you?

A: Actually, I'm not so well either.

B: Really? What's the matter?

A: I've got a stomachache, too.

B: Please take care of yourself, too.

A: Thank you, I will.

B: That's good.

あいさつのあれこれ

場　面	挨拶	進行状況、進歩の状態など	回復
使われ方	元気?	仕事、はかどってる?	おかげんいかが?
How are you?	○		
How are you doing?	○	○	
How are you feeling?	○		○
How are you going?	○	○	

※同僚や同級生などに「どう、うまくいっている?」という時の挨拶として「How is it going?」という言い方もあります。うまくいっている時は「It is going well, thank you.」そうでない時は「Actually, it's not going well」と答えます。

あなたの今日の絶好調度は?

UP　I'm very well, thank you.
　　I'm well
　　I'm reasonably well.
　　Actually, I'm not so well.
　　Actually, I'm not well.
DOWN　Actually, I'm not well at all.

Don't　気をつけよう!
日本人はよくこんなことをする

ぐっすりとよく眠れた時はいいのですが、夏や冬など、寝具類の調節が難しい季節は、特に暑くなかったか、寒くはなかったかどうか、ホストは気を遣います。

A: Were you comfortable?
B: I was comfortable, but it was a little cool (or warm).

というように、「cool」又は「warm」を使います。ネガティブな事は、たとえそれが事実だったとしても決して、ダイレクトに言ってはいけません。「It was a little cold. It was a little hot」のように一言 "little" を入れるだけでソフトに聞こえるようになります。Did you sleep well?と聞かれても、I didn't sleep well. I couldn't sleep.と言うのはやめましょう。また、「I was cold」「I was hot」と主語に「I」を使ってしまうのは、ゲストとしてふさわしからぬ身勝手な英語になってしまいますから要注意!

Having breakfast　朝食

イギリスの朝もあわただしい!

イギリスの典型的な朝食では、コーンフレークやシリアルから始まり、その後にはソーセージ又はベーコン、卵料理に焼いたトマトなどを盛ったボリュームたっぷりのものに、トースト、紅茶を一緒にいただきます。時間をゆっくりかけて家族と食事を楽しむ、というのが伝統的な英国流の朝食のスタイル。ところが最近ではだんだん合理的になってきていて、とにかく手軽に早くとコーンフレークやシリアルにミルクだけ、とかトーストと紅茶だけ、といった家庭が多くなってきているようです。

もちろん、今でもEnglish breakfastを時間たっぷりかけて楽しむ家庭もあります。あなたがラッキーにも、そんな家庭にステイすることができたなら、または英国流breakfastをいただく機会がある時は、イギリスでは朝食も1つのコース料理です。ファミリーの

全員が食べ終えるまで席を立たない、会話を楽しむ、といったテーブルマナーの基本は心得ておきましょう。

また、ゲストハウス形式でお客さまを迎えるところもあります。あなただけではなく、他にも留学生をステイさせているパターンです。シリアル、ミルク、ティー、トースト、とホストが用意したものを、ホテルのバイキングのように自分でよそっていただきます。このようなゲストハウスでは食事が終わったら、自分のものは自分で片づけるのが普通です。

みんなが食べ終わり、テーブルを立つタイミングをみて「I'm doing the washing up（食器を洗います）」とか、「I'm clearing the table and washing up（テーブルの片づけと食器洗いをします）」と言って自分からすすんでお手伝いをかってでましょう

Offering　飲み物をすすめられたら

お茶ではなくてコーヒーを…！？

　飲み物や食べ物などをすすめられた時に是非使いたいのが"I would love ～."という表現です。「是非、いただきます」という強い気持ちのこもった言い方です。ただし、一回このパターンを言ってから、同じシチュエーションで何度も繰返して使ってしまうとしつこくなってしまいます。最初にすすめられたときだけに使いましょう。それから、レストランや、バーなどのシチュエーションでは、皆さんは「お金を払ってサービスを受けるお客様」なので、"I would love～."は使いません。

　また、「何を召し上がりますか？」と聞かれた場合、その家庭にどんな飲み物が取り揃えてあるのか、最初は分かりません。オレンジ・ジュースが飲みたくても、もしかしたらないかもしれません。そんな時はまず「何がありますか？」と聞くことで、ホストに恥ずかしい思いをさせずにすみます。

　案外やってしまいがちなのが、「お茶を飲みますか？」とすすめられているのに、「コーヒーをください」などと言ってしまうこと。これは、すすめているホストに対して失礼なのでよしましょう。

A:Would you like something to drink?

　　　　はい、いただきます。
　★★★ Thank you, I would love something to drink, please.
　　★★ Thank you, I will have something to drink, please.
　　　★ Yes, please.

　　　　いいえ、結構です。
　★★★ I won't have anything to drink,
　　　　thank you very much for offering.
　　　★ No, thank you.

何があるのか、伺ってもいいですか？	Excuse me, may I ask what there is? Excuse me, may I ask what you've got?
お茶はブラックでいただきます	I'll have (will have)my tea black, please.
お茶にミルクとお砂糖を入れていただきます。	I'll have (will have) my tea with milk and sugar, please.

Do　どんな飲み物（食べ物）があるのかわからないときは、まず先に聞いてみましょう

Do　TPO、自分の気持ちを総合的に判断して、言葉を選びましょう

Don't　コーヒーをすすめられているのに、「お茶をください」と返事をしないこと

I willを I'll、 I will not をI won'tと短縮して言うと、英語はソフトに聞こえ、カジュアルな言い方になりますが、「I won't have tea, thank you.」否定形で「I will not～.」と言ってしまうと、逆に今度は"（すすめられたって）絶対に飲まない（嫌だ）"というキツイ言い方になってしまいます。肯定で「I will have tea, please.」と言えば是非、という気持ちが込められた強調フォームになり、フォーマルな言い方になります。

Spending time together　リビングで皆と過ごす

リビングは好きなことをする場所

　リビングルームは、みんなで時間を一緒に過ごす場。一人きりにならず、団欒の時間に積極的に自分から参加しましょう。リビングルームにいるからコミュニケーションをとらないといけない、というわけではなく、それぞれ自分のやりたいことをするけれども、同じ空間を共有するわけです。

　テレビや音楽を観たり、聞いたりしているファミリーに、話しかけて邪魔をしない、テレビを見ている前を平気で通らない、といった気遣いを大事にしながら、静かに過ごします。もし、

どうしてもテレビの前を通らないといけなかったり、話しかけないといけないことがあったら、タイミングを見計らって、必ず「Excuse me」の一言をかけてください。

　長いステイの期間中にはホームシックにかかったり、一人になりたい時もあるでしょう。そんな時は一言断って、自分の部屋に行くようにします。何も言わずにすーっと自分の部屋に入って篭りきりになってしまうと、あなたの具合が悪いのでは、と逆に心配をかけてしまうことになります。

加わってもいいですか？	Excuse me,may I join you, please?
テレビを見てもいいですか？	Excuse me,may I watch TV, please?
テーブルで手紙を書いてもいいですか？	Excuse me, is it all right if I write a letter at the table, please?
手にとって見てもいいですか？	Excuse me, may I pick this ornament up and have a look at it, please?
これはどのようにして使うのですか？	Excuse me, would you show me how to use this, please?
部屋に行ってもいいですか？	Excuse me, is it all right if I go to my room, please?

Helping　手伝いをする

お料理でも洗濯でも何でもします!

ステイ中、ホストファミリーはいろいろとあなたのお世話をしてくれるでしょう。食事の用意をしたり、飲み物をすすめてくれたり、洗濯までしてくれたり…きっとhospitality（手厚くもてなす心）でいっぱいのはずです。

ホームステイは家族と一緒に生活をすることです。一方的にホテルに泊まりに来たお客様のようにhospitalityを受けるのではなく、積極的にホストファミリーのお手伝いをすすんでかってでましょう。台所に一緒に立てば、その国ならではの料理の仕方もじかに習えるでしょうし、日本ではできない芝生刈り、なんていうのも体験できるかもしれません。

一人で部屋に閉じこもっていたり、

TVばっかり見ているより、ホストファミリーとたくさんの会話量ももてて、英語の勉強にもなります。「お料理でも、洗濯でも、犬の散歩でも、何でもします。Of course, I would like to fit in with your normal routine and clean, cook, do laundry, walk the dog whatever, if that's all right with you.とホストに言いましょう。この一言を聞くと、あれこれ手伝ってほしいものがあれば、指示をだしてくれるでしょう。「いいのよ、いいのよ、座ってゆっくりしていて」このように言ってくれる優しいホストファミリーには、Please let me ～.「～させてください」とあまり強引にならない程度に、お手伝いをかってでます。

何かお手伝いすること、ありますか?
★★★ May I help you with something
★★ Can I help you with the washing up?
★ Is there anything I can do to help you?

お手伝いさせて下さい **Please let me help you.**

洗い物をさせてください **Please let me wash up.**

掃除機で掃除をしましょうか？ **Shall I vacuum the room?**

庭に水をまきましょうか？ **Shall I water the garden?**

Do 手伝いは常に自分からかってでましょう
Don't あなたは家族の一員。ホテルのお客様のようになってはいけません

海外のお宅には、素敵な置き物や、使い勝手の違う電化製品があったりするものです。お手伝いの途中などに「へえ〜、これ素敵」などと黙って触るのは止めましょう。「手にとって見てもいいですか？」そんな一言が一緒に生活をしていくうえでとても大事です。あなたがうっかり壊してしまったガラスのグラスが、例えば100年もののアンティークで、その家で大事にしてされていたものだったらどうしますか？　機械などの、使い方がわからないのであれば、自分で無理やり引張ったり押したりして壊してしまう前にまず、ホストに使い方を教えてもらいましょう。勝手に触って、うっかり壊して「I'm sorry」でおしまい、というのは日本人にとても多いのです。

41

peel

stir

beat

sauté

scramble

stir-fry

fry

barbecue/grill

broil

grill

boil

steam

simmer

slice

pour

combine (A and B) / mix

Your room　自室の整え方、荷物の管理

え～？「部屋でお菓子」は駄目なの !?

ステイをする家では、通常家族の誰かの部屋をあなたのために空けてくれたり、大きな家ではゲストルームをあなたの部屋として使わせてくれます。クローゼットなど部屋にあるものはステイ中、あなたが使えるようになっているはずですので、自分の荷物は自分で管理しましょう。荷物の管理だけではなく、掃除やベッド・メーキングは当然のことながら、あなた自身でしな

くてはなりません。

ベッド・ルームは寝たり、身支度を整えるためのスペースです。ドアを閉め切ったまま部屋にこもりきりになるのはやめましょう。また、食べ物を勝手に持ち込んだりするのもやめましょう。ホストファミリーの家なのですから、日本の自分の部屋以上に整理整頓、掃除をこまめにしてください。

> **Do** 家族と一緒に過ごす時間を積極的に自分から持ちましょう
> **Don't** 自分の部屋に一人でこもらない
> **Do** 部屋のドアは開けておく
> **Don't** ウォークマンなど、自分だけで楽しむものはリビングに持ち込まない、ヘッドフォンなどは、見せるだけでも失礼になります

Don't　気をつけよう！
日本人はよくこんなことをする

与えられた個人の部屋は、人前でできないこと、例えば着替えや寝る時に使うためのスペースだと考えます。トイレのドアと同様、締め切ってしまうのは「中に入らないでください」のサインです。黙って自分の部屋に行って、ドアを締め切ったまままかなか出てこないと、ホストファミリーは「具合が悪いのかしら」「ホームシックにかかっているのかしら」「誰とも話したくないのかしら」いろいろな心配をするようになってしまいます。そんな余計な心配をさせないよう、一人で部屋で何かをしたい時は、ホストファミリーが部屋の外から声をかけやすいよう、少しだけドアを開けておきます。

The toilet　トイレ

ドアをノックするのは日本人だけ

トイレをノックするのが日本人の癖。欧米ではとても嫌われる行為です。海外旅行をしたことがある人は、足が見える公共のトイレを空港などで目にしたことがあるはずです。そうでなければ、日本でも馴染ある「vacant」か「occupied」がわかる赤と青のドアノブが付いたドアだったりします。

それでは、いずれでもない一般家庭ではどうするのかというと、出る時に少しドアを開けておきます。少し開いていれば、中には誰もいない、ピッタリ閉まっていれば使用中、ということです。

日本の癖で、入っているのにドンドンとドアをたたかないこと。トイレは、人によっては、本を持ち込んで読んだり、リラックスする空間としても使われます。

また、ドアノブをそっと回す、という方法もあります。もし中に誰かがいて、ドアノブを回す音が聞こえたら、「Hello」「Excuse me」と中に自分がいるよ、ということを相手に知らせてくれます。

ヨーロッパでは一般的に、toiletという言葉に対して「汚い」といったイメージを持っていません。そしてtoiletより、日本語で言う"お手洗い"に近いニュートラルなニュアンスを含む言葉がlavatoryです。

アメリカではtoiletという言葉に対して「汚い」というイメージを持っている人が多いため、washing room が比較的よく使われています。lavatory はちょっと気取っている言葉として受けとられがちです。

人と話しをしている途中でトイレに行きたくなったときは、「Would you excuse me for a moment, please?（ちょっと、失礼してよろしいですか？）」と言って、席を立ちます。「Excuse me, I'm going to the toilet」といって、トイレに行くということを明言する必要はありません。

Hello

The bathroom　シャワーを浴びる

朝シャンできるかは家族の習慣しだい

他の国に較べて、日本は水やガスを贅沢に使える便利な国だと言えるでしょう。それから、英米圏では日本のようにバスタブにお湯を入れてつかる習慣がない、ということも周知のことです。イギリスでは水が高いにも関わらず、ステイ先で光熱費にあまり神経を使わない日本人が多く、ステイ先でいい顔をされなかった、というのも、よく聞く話です。ホストファミリーが、どんな生活パターンをとっているのか、（朝夜シャワーを浴びるのか、どれくらいの長さでシャワーにかかるのかなど）をなるべく把握して、その家庭のリズムに自分を合わせるようにしていきましょう。

シャワーを浴びてもいいですか?
★★★ Excuse me, may I take a shower, please?
　★★ Excuse me, can I take a shower, please?
　　★ Excuse me, is it all right, for me to take a shower, please?

シャワーを、どうもありがとうございました　Thank you very much for letting me take a shower.

さっぱりしました　1. It was refreshing.
　　　　　　　　　2. I feel quite refreshed.

Do 他人の家です。水光熱費には充分神経をつかいましょう
Don't 家族が一人増えれば、一つのことをするのに時間も余計かかります。時間と資源を節約するためにも、シャワーは長い時間をかけて浴びないようにしましょう

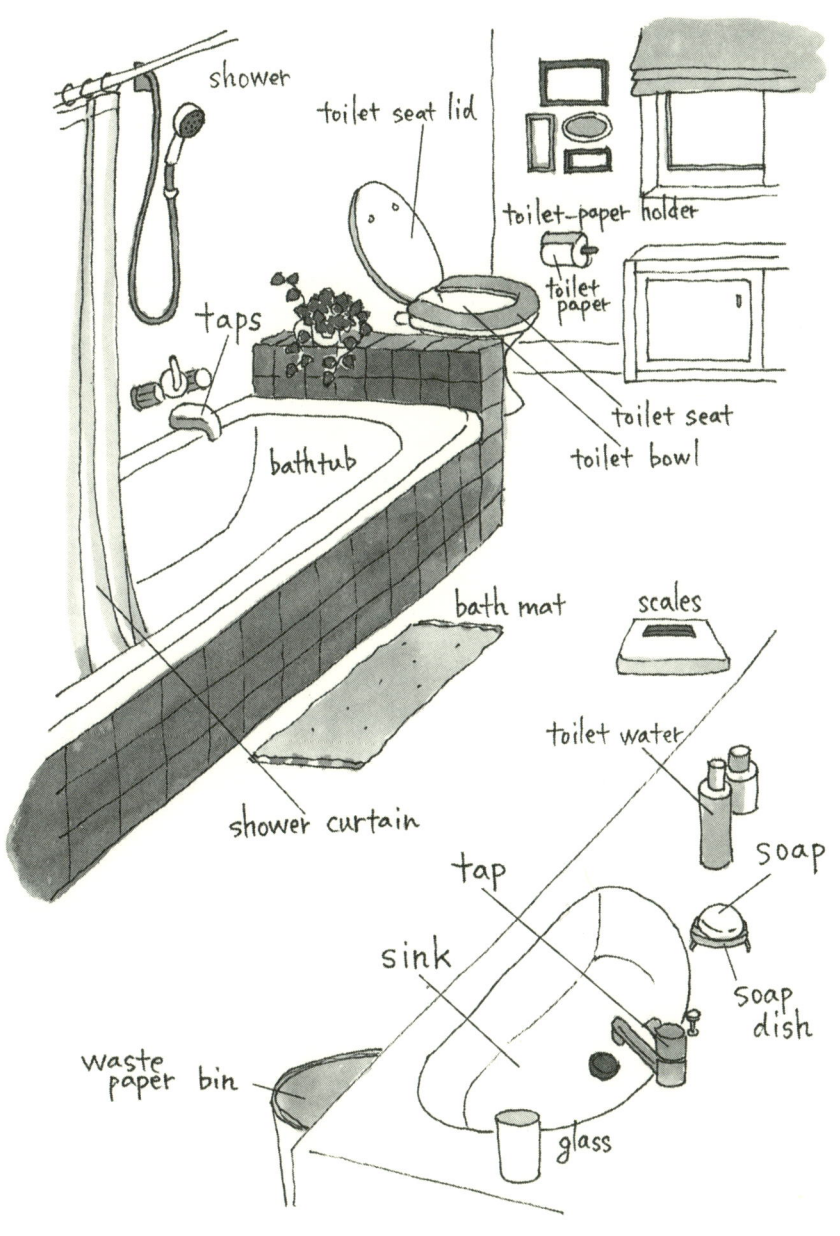

shower

toilet seat lid

toilet-paper holder

toilet
paper

taps

bathtub

toilet seat

toilet bowl

bath mat

scales

toilet water

shower curtain

tap

soap

sink

soap
dish

waste
paper bin

glass

47

The laundry　洗濯をする

やっぱり下着は自分で洗いたい

　自分のものは、自分でする、という考え方を基本的には持ちたいものですが、ファミリーによっては、あなたのぶんまで洗濯してくれるところもあります。最初にいろいろ説明をしてくれるかとは思いますが、洗濯機の使い方などを忘れてしまったりしたら、「もう一度聞くのは悪い」なんて思わずに、わかるまで質問してみましょう。

　毎日洗濯をせず、ある程度ためてから、とシャワーを浴びるのと同様、その家族の生活パターンを早く把握すれ

ば、それだけホームステイ生活にも早く慣れてくるでしょう。たとえホストファミリーがあなたのぶんまで洗濯してくれたとしても、全部任せっきりにせずに、干すときや、洗濯物を取り込む時などに手伝いをすすんで申し出てください。

　お洗濯物の中でも、下着などはやっぱり自分で手で洗いたいという人はホストに言って、どこで洗ったらいいのか聞きましょう。洗面台などで洗われるのを嫌う家庭も中にはいます。

洗濯機の使い方を教えていただけますか？	Excuse me, would you show me how to use the washing machine, please?
洗濯物はどこで洗えばいいですか？	Excuse me, may I ask where I can wash my things, please?
どれくらい（の頻度で）お洗濯をしますか？	Excuse me, how often do we do the laundry?
どこに、お洗濯物を干しますか？	Excuse me, where can I hang the laundry?
洗剤は、どれくらい使えばいいですか？	Excuse me, how much washing powder do you use each time?
どれくらい、洗濯物を脱水機にかけたらいいですか？	Excuse me, how long do you spin the laundry for?
もう、そろそろ洗濯物を（外から）取り込んでもいいですか？	Excuse me, do you think I can bring the laundry in?
シャツにアイロンをかけてもいいですか？	Excuse me, is it all right if I iron(press) my shirt, please?

Welcoming guests　お客様が来たときは？

マザーに来客。挨拶はどうしたらいい？

ステイ中には、ホストファミリーの親戚や、お友達が家に訪ねてくることがあるかもしれません。難しいのが自分の立場。どのような立場で来たお客様に接していいのか悩むところです。

まずホストマザーや、ホストファザーがあなたを「今、うちにステイしにきている○○さんです」といって、あなたをお客様に紹介してくれます。お客様から見れば、あなたはその家族の一員です。ホストファミリーと一緒にお客様をもてなしていきましょう。

反対に、学校でできた友達や知人などをステイ先に呼ぶ場合には、必ずホストファミリーの承諾を得てからにします。ホストファミリーが「どうぞ」と言ってくれても2人以上は連れてこ

ないようにします。勝手につれてきてホストファミリーそっちのけで日本語でおしゃべり、なんてことのないように！

ホーム・パーティなどの場合も、時々、ホストが何も言っていないうちから「友達も一緒に連れていっていいですか？」と一方的に聞いてくる人もいますが、これはやめましょう。あくまでも、ホストはあなたを招待しているのだ、という基本的なことを忘れないでください。

仮に、お友達も招待していいのであれば、ホストはあなたをご招待する際に「お友達もどうぞ」と何か一言、言うはずです。

I am Natsuko.

彼女（彼）を家に連れてきて紹介してもいいですか？ Excuse me, is it all right for me to bring one of my friends home to introduce her (him) to you, please?

Phoning　電話をかける

「困ったわ、何度かけても電話中…」

　家族によって、電話に関するルールはそれぞれ異なりますが、やはり「人の家の電話を使う」ということを考えれば、国際電話であれ、国内電話であれ、日本の自分の家でするような長電話はしてはいけません。電話代はもちろんのこと、誰かがその家にかけてくるかもしれないので、自分で独占するのは避けましょう。

　自分から頻繁にかける必要があるのであれば、テレホンカードやコレクトコールを使う。または、必要であればできるだけ日本の家族や友達からかけてきてもらうようにしましょう。

国際電話をかけてもいいですか？

Excuse me, may I make an international phone call, please?

コレクトコールで家族に電話をします

1. **I'm going to make a collect call to my family.**
2. **I'm going to make a reverse charge call.**

> **Do** 電話代はもちろん、電話を使う長さ、頻度に気をつけましょう

Tha land of Nod　夜寝る前に

「おやすみ」だけじゃそっけない！

　自分のうちでも両親に挨拶をしていないという人が多い中、ホームステイ中に挨拶をするのは簡単だけれども案外、難しいことなのかもしれません。一日の終りですから、また気持ちよく朝を迎えられるように、きちんと挨拶しましょう。眠たくなってきたら、ただ「Good night」と声をかけてベッドルームに向かうのではなく、Excuse me, I'm feeling a little tired. I think I'll go to bed, if it's all right.と一声添えます。

　ただ２，３日が経ち、あなたとホストファミリーがお互いに慣れてきたら、「Excuse me, I'll go to bed. Good night」「Excuse me, I'm off to bed. Good Night」 だけで大丈夫になるかもしれません。

　ステイ先によっては週末に教会のミサに出かけます、という家庭も中にはあります。そんな時は何時にみんなは起きるのか、朝起きる時間を確認しましょう。

A: Good night.
B: Good night.
A: See you in the mornig. Sleep well
B: See you in the morning. Sleep well too.

みんな、明日の朝、何時に起きますか？　Excuse me, what time will everybody be getting up tomorrow morning?

私は何時に起きたらいいですか？　Excuse me, what time would you like me to get up tomorrow morning?

Asking permission　許可をもらう

まって！　それはホストに聞いてから

　何度も口をすっぱくして言うようで
すが、自分の家で気ままに生活をして
いるのではないのですから自分で勝手
に何でもしてしまわないこと。テレビ
を見たい、本棚にある本を見たい、電

化製品を使いたいなど、自分が何かを
したいとき、欲しいとき、必ず許可を
得て下さい。「Please」「Thank you 」
「Excuse me」を忘れずに。

★★★1. Excuse me, would it be okay if I took a shower, please?
　　　2. Excuse me, would it be okay for me to take
　　　　a shower, please?
　　　3. Excuse me, would it be all right if I took
　　　　a shower, please?
　　　4. Excuse me, would it be all right for me to
　　　　take a shower, please?
　　　5. Excuse me, would you mind if I took a shower, please?
　　　　Excuse me, would you mind my taking a shower,please?

★★1. Excuse me, can I take a shower, please?
　　2. Excuse me, may I take a shower, please?
　　3. Excuse me, could I take a shower, please?
　　4. Excuse me, might I take a shower, please?

★1. Excuse me, is it okay if I take a shower,
　　please?
　2. Excuse me, is it okay for me to
　　take a shower, please?
　3. Excuse me, is it all right if I take a
　　shower, please?
　4. Excuse me, is it all right for me to take a shower,
　　please?

okay と、all rightの言葉の使い分けが、マナーのレベルを微妙に変
えます。all righの方がokayに比べてより丁寧です。

※1. Excuse me, will it be okay if I take a shower, please?
　2. Excuse me, will it be okay for me to take a shower, please?
　3. Excuse me, will it be all right if I take a shower, please?
　4. Excuse me, will it be all right for me to take a shower, please?

現在でも使えますが未来のことに対して許可を得たいとき（すぐにアクションを起こさないとき）にも使います。

> **Do** TPOに合わせて「〜してもいいですか？」パターンをフルに使いましょう
> **Don't** 何も聞かずに黙って触ったり、借りたり、使ったりしてはダメ
> **Don't** 許可をもらう前は「Excuse me」「Please」、もらったら「Thank you」を忘れずに

Don't　気をつけよう！
日本人はよくこんなことをする

　何かをしたいとき、「〜したい＝I want to」と学校で習った私たち。でも「I want to〜.」という言い方はネイティブからすると、とても自分勝手に聞こえるフレーズです。「I would like to〜.」はやや丁寧になりますが、やはり、誰かに何かをお願いするときは、上の許可を得るパターンを使いましょう。そして最後にpleaseをつけるのを忘れずに。

イギリスでは、子どもが「I want orange juice.」と言うと、親は、「"I want"never gets, so,what do you say.?」("I want"と言ったら何もあげませんよ、何て言うの？）と言って躾ています。そう注意されて、子どもは「May I have orange juice, please?」please をつけてお願いすることの大切さを知るようになるのです。

Gold Card Power

何事も「許可を得て」というはなしを今までしてきました。ただ、そうかと言って、長い間、ホームステイをしている間中、いちいち「洗面所を使っていいですか?」「シャワーを浴びてもいいですか?」とホストを追いまわして聞くのは、かえってしつこくなってしまいます。ステイし始めの時はもちろん、全ての行動において許可をとりますが、そのうちにホストが、「Please don't bother to ask.　Please use the shower(the washing machine anytime you like.」(どうぞ、ご自由に使ってください)と言ってくれたら、それはあなたに与えられたゴールド・カードです。「好きなときに、いつでも使っていいですよ。」ということです。その後は、上の許可パターンを必要以上に使うことはありません。でも、気をつけてください。黙ってなんでもしてしまうのではなく、必要なときは、例えば、I think I'll take a shower, if it's all right.　と一言添えましょう。このゴールド・カードは言ってみれば、お客さまからファミリーの一員として受け入れてくれているサインだと思っていいでし

サイモンの一言

CHARLES RABONE

Chapter 3
おしゃべりを楽しむ

　1日過ごしてみてわかったけど、とっても普通のご家庭みたい。というか、思ったのは世界中どこへ行っても生活って普通なんだなってこと。もちろん、えっ？　て思うこともなくはないけど、たいていは理由があるし、日本とそんなに変わるわけじゃない。

　今日はお茶の時間にマザーとそんなことを話して過ごしたの。ここのお家は家族もちょうど私と同じ4人家族だし、日本でどんなところに住んでいて、どんな生活をしているのかって話をしたら、そんなに驚かれもしなかったしね。ただ、どうやら私だけじゃなく、日本人のクセみたいなもので、自分のことを話すときも「日本では〜」って必ず言うんだって。「日本人の一般的なことじゃなくて、あなたのことが知りたいのよ」って何度も言われた。なんか「英語で普通のおしゃべり」なんてはじめてで、ちょっとかしこまっていたのかな。

　あと、自分のことを指すときに鼻のあたりを指すのはなぜ？　とか自分でも気がつかなかったし、そうそう、昨日私が挨拶をしたときに、「My name is〜」って言ったのはおかしかったって！　日本人は必ず言うからって。どうしてそれがヘンなのかよくわからなくて聞いたんだけど、説明してもらって納得！

　もちろん、すべての話がスムーズにはずんだわけじゃなく、何度も聞き返したりしたけど、嫌な顔せずに何度も言い直してくれたり、別の表現を使って教えてくれたりした。

　ま、今朝私が「お皿洗いを手伝います」って言って、ちょっといい子をアピールしたから、印象も良かったのかもね。

自己紹介をする

会っていきなり Are you married?

　ホストファミリーに会った時はもちろん、ステイ中は学校やパーティーなど、多くの出会いのチャンスが待っています。日本人は一般的に良く言えばシャイ、悪く言えば社交下手です。「英語がうまく話せないから」なんて尻ごみをして、誰かが話しかけてくれるのをただじっと待っているだけではいけません。

　英語を習得したい、いろんな経験をしたい、そう思って海外にやってきたのですから、できるだけ多くの人と知り合うチャンスを自分でつくっていきましょう。

　人と話しをする時には、やはり選んで無難なトピック、又は選ばないほうがいいトピックがあります。例えば初対面の人であれば、職業、スポーツなどが当り障りなく、お金に関することや結婚に関するトピックは避けなくてはいけません。

　ところが、日本人はあまり親しくなってもいないのに、単刀直入に「Are you married?」とよく質問してくるそうです。話しの流れを考えず会って間もないのに、「What's your hobby?」と聞くのもよく見かけます。

　日本にいたって、「ご趣味は？」とは、それこそお見合いの席で質問するくらいのものなのではないでしょうか？あれこれ話しをしていくうちに、相手の趣味や興味もわかってくるもの。相手との距離感を考えながら、コミュニケーションのトピックを掘り下げていきます。

　まずは自分のこと、自分の住んでいる場所についての説明などからはじめてみましょう。

25歳です **I am 25 years old.**

今年の12月7日で25歳になります **I will be 25 years old on the 7th of December this year.**

神奈川に住んでいます **I live in Kanagawa.**

神奈川県の川崎市に住んでいます **I live in Kawasaki city in Kanagawa prefecture.**
※prefectureはイギリスでいうcounty（州）のようなものです

東京で生れました **I was born in Tokyo.**

神奈川で育ちました **I was brought up in Kanagawa.**

家族と一緒に住んでいます **I live with my family.**

一人暮らしです **I live alone (by myself).**

一軒家に住んでいます **I live in a house.**

アパートに住んでいます **I live in an apartment (a flat).**
※日本でいうマンションは大邸宅のこと、英語ではapartment, flatといいます。

国籍は日本です **My nationality is Japanese. I'm Japanese.**

ティムと呼んでください **Please call me Tim.**

ニックネームで呼んでください **Please call me by my nickname, Nutty**

英語でのニックネームとは、その人に性格、癖や身体的な特徴などを重ね合わせてつけられた、名前とは全く違う呼び名のことです。例えば、スタイル抜群でお人形さんのような人を「バービー」と呼んだり、あまり笑顔を見せない人を「スマイリー」と呼んだり、サイモンを「うるサイモン」と呼ぶなど、長所はもちろん、短所を皮肉ってつけたりもします。例文で出てきた「Nutty」ももちろんニックネーム。狂っているという意味があり、名前の音の響きとキャラクターをジョークをもじって（Natsuko→Natty→Nutty）つけられたニックネームです。日本人がニックネームと思い込んでいる、「なつこ」を「なっちゃん」というのは、実は英語ではニックネームではなく、ペットネームといいます。

やってみよう！

**Chapter 3に紹介されている例文を使って、
あなたの自己紹介をしてみましょう。**

名前、ニックネーム
I'm _____.
Please call me
by my nickname, _____.

出身地の説明
I'm from _____.
city is_____.

趣味・特技
I suppose _____
_____
_____.
I adore _____
_____

家族の紹介
There are _____
of us in my family.
The menmbers of
my family are
_____,
_____,
_____,
_____,

仕事
I work as
_____.
I work __days
a week.

性格
I'm _____
_____
_____.

59

Where are you from?　出身地の説明

出身地＝生まれた土地じゃないの!?

あなたは自分の出身地や住んでいる所について、どれくらい説明できますか？　「Where are you from？」と聞かれた時や、「私は〜の出身です」という時に、「I was born in〜」と言う人がわりと多くいます。

海外で「どこから来たの？(Where are you from?)」は、生まれたところを聞いているわけではないので、混同しないように気をつけましょう。出生地を知りたいのであれば、「Where in Japan are you from〜？」と聞きます。

出身地とはそれまでで一番過ごした時間の長い場所。親の転勤などであちこちに住んだことがある場合などは、一番思い出がある場所や思い入れが強い場所でもかまいません。「I'm from 〜.」と言って、場所に関する説明や印象に残っている思い出などの話題を続けましょう。

神奈川県の出身です	I'm from Kanagawa.
神奈川は東京のとなりの県です	Kanagawa is a prefecture next to the Tokyo metropolitan area.
川崎市は工業地帯です	Kawasaki city is an industrial area.
川崎は神奈川県の東に位置しています	Kawasaki city is located in the eastern part of Kanagawa.
大仏や神社やお寺など、歴史的遺産物がたくさんあります	There are lots of historical places like the statue of the Great Buddha, temples, shrines and so on.
東京の都心から川崎までは電車で約1時間くらいの距離です	Kawasaki is only about 1 hour away from the centre of Tokyo by train.
鎌倉は観光地として人気があります	Kamakura is popular with tourists.

地方、郡	district	半島	peninsula
県	prefecture	湾	bay
市	city	港町	port town
区	ward	市街地	town area
山脈	a mountain range	住宅地	residential area
日本海	The Japan Sea	商店街	shopping centre
太平洋	The Pacific Ocean	農村地	agricultural district
東シナ海	The East China Sea	漁村	fishing village
温泉（地）	hot spring（resort）	高原	plateau
瀬戸内海	The Inland Sea	高原地	highlands
田舎	rural area	火山	volcano
郊外	the suburbs	都市	urban area
観光地	tourist resort (spot)		

＊泊りがけで出かけるような場所はtourist resort、鎌倉のように日帰りで行ける観光地はtourist spotです

Family　家族のことを話す

家族の紹介もレディーファーストで

ホストファミリーに家族や友達などを紹介する時にも、紹介する順序というものがあります。まず女性を年齢の高い方から順に、そして男性をやはり目上の方から順に紹介していきます。こんなところにも、英語にはレディーファーストの考えが潜んでいるのですね。

四人家族です	**There are four of us in my family.**
母、父に兄と私です	**The members of my family are my mother, father, elder brother and myself.**
母は専業主婦です	**My mother is a house wife. / My mother keeps house.**
父は会社を経営しています	**My father runs a company.**
兄は製薬会社で営業をしています	**My elder brother works for a pharmaceutical company as a sales person.**

曾祖母	great-grandmother	叔母	aunt
曾祖父	great-grandfather	叔父	uncle
祖母	grandmother	従兄弟	cousin
祖父	grandfather	義姉・妹	sister-in-law
祖父母	grandparents	義兄・弟	brother-in-law
姪	niece	甥	nephew

Childhood　子供時代のことを話す

あなたの特技はなんですか？

子供の頃の思い出やずっと続けている習い事などの話をしてみるのもいいでしょう。そんな時に覚えておきたいのがI suppose I am reasonably good 〜.または I would like to think that I'm reasonably good〜.といった謙遜の表現。例えば「私は料理が得意、上手い」ということを相手に伝えたい時や、誰かに「あなたは料理が得意なの？」と聞かれて「I'm good at cooking.」と答えるのは間違いではありませんが、ダイレクト過ぎて、ただの自慢になってしまい、あまり聞こえのいいものではありません。

「I suppose I am reasonably good at cooking.」、または「I would like to think that I can cook reasonably well.」といった表現を使うことで少し控えめで、上品な言い方をすることができるのです。

バスケットボール部に入っていました	I was in the basket-ball club at school.
チームはわりと強くて、県大会で一度優勝をしたことがあります	Our team was reasonably good and we once won the Kanagawa Prefecture Tournament.
兄弟げんかをよくしたものです	I used to fight a lot with my brother.
かけ足がわりと速かった	I suppose I was a reasonably fast runner.
泳ぐのはわりと得意です	I suppose I am reasonably good at swimming.
ピアノを弾くのが得意です（ピアノをうまく弾けると思いたいです）	I would like to think that I can play the piano reasonably well.

Life　仕事のこと・学校のこと

「丸の内でOL」はどう言うの?

日本では普通に会社勤めをしていると、自分の事を紹介するときに「会社員です」「サラリーマンをしています」といった言い方をします。ところが、欧米では職業の「中身」を聞かれるのが一般的。「営業職」「ＳＥ」「会計」といった、具体的にどんな仕事を会社でしているのかを説明する必要があります。

また、日本では「どこの会社で働いているのか」＝「会社の名前」が比較的重要視されますが、イギリスでは企業の名前は大事ではありません。会社の中で、どんな役職（post, official position）又は肩書きを持っているのか、個人のプロフィールを重視するのです。

事務職をしています	I work as an office clerk. My occupation is as an office clerk.
商社で働いています	1. I import and export. 2. I work for an export company.
仕事で時々英語を使います	I sometimes use English in my job.
電車通勤をしています	I travel to work by train.
残業はめったにしません	I seldom do overtime.
フレックス制で働けます	I can work flextime.
フルタイムで働いています	I work full time.
仕事が忙しい	I'm quite busy at work.
一日中、コンピューターに向かいっぱなしです	I sit at a computer all day.
週休2日制です	I work 5days a week.

事務職	office clerk	秘書	Secretary
総務部	the general affairs department		
経理部	the accounting section		
従業員	employee	派遣社員	temporary worker
店員	shop clerk	編集員	editorial staff
会計士	accountant		
税理士	licensed tax accountant		
公務員	public official servant		
受付	receptionist	同僚	coworker
上司	the (my) boss	有給休暇	paid holiday
勤務時間	working time	給料	pay / salary
残業	overtime		
広告代理店	advertising agency	貿易会社	trading company
不動産会社	realestate agency	出版社	publishing company
食品会社	food company		
製薬会社	pharmaceautical company		
商社	business firm	研究所	laboratory

来年の4月に大学に入ります	I'm starting at university in April next year.
2年後に、大学を卒業します	I'm going to graduate from university in 2 years time.
来年の4月に会社に入ります	I'm starting work from April next year.
大学2年生です	I'm in the 2nd year at university.
一週間に5日学校に行きます	I go to school 5days a week.
月曜日、水曜日、金曜日に学校で英語の授業があります	I study English on Mondays, Wednesdays and Fridays .
学校にお弁当をもっていきます	I take a packed lunch with me to school.
学食でたいていお昼をたべます	I normaly have lunch in the cafeteria at school.

託児所	day-care center	保育園	nursery school
幼稚園	kindergarten	小学校	primary school
中学校	junior high school	高校	high school
専門学校	professional school	高等専門学校	technical college
短期大学	junior college	大学	university
大学院	graduate school	学部	department
学位	degree	修士	master
博士号	doctor	入学式	entrance ceremony
卒業式	graduate ceremony	学年	year / school year
学期	term	単位	unit
必修科目	required subject	授業	lesson
講義	lecture	講義（概要）、時間割	syllabus
卒業論文	research paper	教授	professor
助教授	associate professor	講師	lecturer
助手	teaching fellow		

私が日本に来てホームステイをした時、ホスト・マザーが「お昼にランチ・ボックスを持って行く？」と聞きました。ランチ・ボックスという言葉を聞いた事がなかった私は、箱（空の）を渡されて果物だとか、サンドウィッチとかを自分で詰めるのかな？と思ってしまいました。日本語でいういわゆる「お弁当」は英語で「packed lunch」と言います。お弁当の中身は忘れないでね。

Daily life　生活を説明する

日本人はエタノールが好き!?

　あなたの人柄を知ってもらうために、普段どんな生活をしているのかを話題にするのも一つの手です。朝から晩までの生活を順を追って説明してみましょう。

　身近な話題なので使う単語自体は難しくないのですが、それだけにちょっとした注意が必要なこともあります。例えば「Do you like alcohol?（お酒を飲むのはお好きですか）」と日本人は英語でよく質問します。「お酒＝alcohol」というイメージが強く、ついアルコールという単語を使ってしまいがちですが、alcoholは純度の高いエタノールなどの化学用語(C2H5OH)です。

「エタノールを飲みますか？」などとは絶対言いませんね。お酒は好きですか？は、「Do you like drinking? 」又は「Do you drink?」です。

　「友達と遊ぶ」はどうでしょう？「遊ぶ＝play」という単語がまず頭に浮かんでくるため、「友達と遊びに行った I played with my friend.」と言ってしまいます。「play」は、子供がよくする「ごっこ遊び」の意味合いを含みますので、私たちが大人になってから通常使う、「友達と遊ぶ」は「友達と出かける＝go out」という表現になります。

毎日、目覚し時計で起きます **I use an alarm clock to wake up.**

※wake upは目を覚ます、get upには布団やベッドから起きるというアクションが伴います。

毎朝7時に起床します **I get up at 7 o'clock every morning.**

食前、食後に歯を磨きます **I brush my teeth before and after meals.**

4時ごろに学校から帰ってきます **I get home from school at around 4o'clock.**

食事はたいてい家族と一緒にとります **I usually have dinner with my family.**

食後にお風呂に入ります	I take a bath (shower) sometime after supper.
11時に寝ます	I go to bed at around 11o'clock.
朝食は自分でつくります	I usually cook breakfast for myself.
毎日、犬の散歩をします	I take the dog for a walk everyday.
3日に1度は部屋に掃除機をかけます	I vacuum (hoover) my room every 3 days.
週末はよく友達と遊びに出かけます	I often go out with my friends on weekends.
よく一緒にお酒を飲みます	We often drink together.

hooverとは実はイギリスの電気メーカーの名前です。掃除機といえばフーバー社、というところから、ついには動詞になってしまいました。hoover, hoovered, hooverdのように、英語では名詞をそのまま動詞で使えることもできるのです。もしかしたら、「I nationaled ….」なんていう、英語もいつかできる日が来るのかも!?

Hobbies and interests　趣味を話す

「私の趣味は買い物です」どこがヘン？

「あなたの趣味は？」と日本人に聞くと、「う〜ん…」となかなか返事がなかったり、「テニスが趣味」という人でも、「テニスをするのが年に2、3回」で「それって趣味と言えるの？」と思ってしまうことがとてもあります。英語でいう趣味hobbyの定義は1．生活の中で本当に好きなもの、興味のあること（1つか2つ）2．楽しんでよくすること3．それをすることによって、ストレスが発散できたり、自分が気持ちよいと感じられることであるといえます。

また「What are your hobbies and interests?」と聞かれて「sleeping」「eating」「shopping」という人が結構いますが、ネイティブにとってはそれを趣味と結び付けることはとうていできません。「I like sleeping/ eating /shopping」なら理解できます。ただ、睡眠の周期や夢分析などに「興味」があるのであれば、話はまた違ってきます。買い物などの場合は、もし「My hobby is shopping.」と言ってしまうと、あなたが相当リッチな人か、買い物依存症で病気なのかと相手は思います。さて、あなたの本当の趣味は何ですか？

音　楽

ピアノを弾きます	I play the piano.
コンサートによく行きます	I often go to concerts. / I love concerts.
どんな音楽が好きですか？	What kind of music do you like?
バンドをやっていて、1年に1度ライブをします	I am in a band and we perform once a year.
楽器を弾きますか？どんな楽器を弾きますか？	Do you play any instruments? What do you play?
バックストリートボーイズが11月に来日します	Back Street Boys are coming to Japan in November.
ポップスが好きです	My favorite music is pops. / I like pops.

あなたの音楽センス、いいですね　Your choise of music is great.

あなたの音楽の好みが好きです　I like your taste in music.

スポーツ

毎年、北海道に
スキーをしに行きます　I ski in Hokkaido every year.

アメリカのメジャーリーグが日本
で大人気です　American major league baseball is very popular in Japan.

※イギリスで、ただAmerican major leagueと言っても、何の
リーグかを説明しないと、きっと通じません

イチローと佐々木が活躍している
ので、多くの日本人は
マリナーズを応援しています　Most Japanese people support the Mariners because Ichiro and Sasaki who are Japanese play for them.

ワールドカップ・サッカーが
日本と韓国で開催されます　The World Cup will be held in Japan and Korea.

ボランティアとして、ワールド
カップのサポートをしたいです　I would like to help at the World Cup as a volunteer interpreter.

映　画

日本では「ブリジットジョーンズ」
の日記が上映中で人気があります　'Bridget Jones's Diary' is on and it's very popular in Japan now.

映画館へはよく行きますか？　Do you often go to the movies (film/flims)?

パラディウム劇場では今週、
何が上映中ですか？　What's on at the Paladium cinema this week?

次の上映時間は何時ですか？　What time is the next showing?

「ハリー・ポッター」が今年の
11月の興行成績No1でした　Harry Potter was the No.1 box office seller in November this year.

本

この本はトップ20に入っています	This book is in the top20.
この本はよく売れています	This book has been selling well.
イギリスの、ベストセラーNo.1の本は何ですか？	What is the No.1 best selling book in England at the moment?
イギリスで一番人気がある若い女性向けの月間ファッション誌は何ですか？	What is the most popular monthly fashion magazine for young women in England?
郵郵便で雑誌を届けてもらうことは可能ですか？	Can we have magazines sent through the post?

いろいろな大好き！（～には目がないの！）

甘いものには目がないの！	I adore sweet things.	**大好き**
スキーが大好き！	I'm crazy about skiing.	
犬や動物が大好き！	I love dogs and other animals.	
クラシック音楽が好きです	I like classic music.	
写真を撮るのが好きです	I'm fond of taking photos.	**好き**

※バック・ストリート・ボーイズが大好き！　I'm addicted to Back Street Boys.（あまり普段は使わない、好きでやめられない中毒症状レベルの"好き"です）

Friends　いろいろな性格

言えそうで言えないあの人のこと

　いいコミュニケーターになるための
ポイントは、「オープンであること」
「話し相手個人の性格を理解すること
に長けていること」「自分のキャラク
ターを周りにあわせていくことができ
ること」「話すのがたのしいこと」結
局、相手がどんな人なのかを理解して
受け入れることができる、話し上手で
聞き上手、ということなのでしょう。
英語力があっても、話しをしていてつ
まらないね、という人柄であれば、会
話も続かなくなってしまいます。自分

自身も含めて、私たちの周りには本当
にいろんな人がいますね！
　「あの人ってね…」案外英語で言え
そうで、言えない人の性格。キャラク
ターを説明する英語の表現には「なる
ほど！」と納得してしまうものもたく
さんあります。日本語英語になってい
るものの中には、よく調べてみると、
意味が少し違って使われていたりする
こともありますので、この単語帳でチ
ェックしてみてください。

気が短い（怒りっぽい）He (She) snaps easily.
short tempered / hot tempered

のんびりや carefree He (She) takes his (her) time. / He (She) goes at his (her) own pace.

忘れっぽい forgetful He (She) has got a head like a sieve.
※直訳で、茶こし、ふるいのような頭を持っている、という意味

だらしのない untidy tardy He (She) doesn't do the right thing.
※unidyは服装などの見た目がだらしないこと 、tardyは時間や約束など、道徳面でだらしのないことに使います

あきっぽい	fickle, capricious	優柔不断	indecisive
おっちょこちょい	clumsy	気前がよい	qenerous
ケチ	stingy	明るい	outgoing/ good fun
陰気	miserable	二重人格	two faced
気分や	moody	理屈っぽい	argumentative
文句の多い	grumpy	几帳面	punctual
優しい	kind	気が利く	aware
いじわる	nasty		

※ "いじわる" は単語でnastyですが、会話の中で使うときはHe (She) said～. He (She) did ～. と具体的に説明をします

いるいる！ こんな人

responsible perfectionist
責任感のある

conceited
うぬぼれや

hard to understand
気難しい

genuine
素直

nervous /on the edge
神経質

timid /shy
臆病な

shy
内気な

sincere /responsible
誠実な

frank /openhearted / open
さっぱりしてる

arrogant
傲慢

big mouthed / She talks too much
おしゃべり

perfectionist
完璧主義者

irresponsible
いいかげん

友達や同僚などの話をするとき、「○○さんってこんな人！」って一言で表せる言葉があったら、便利だなって思いませんか？　相手が興味をもってくれたら会話もうんと盛り上がります。さあ、周りの人をあてはめてみましょう！

unsociable
愛想がない

hard
/strong willed
気が強い

stubborn
頑固

too personal
せんさく好き

too sensitive
泣き虫

competitive
負けず嫌い

optimistic
いさぎよい

too much　しつこい

pessimistic
くよくよする

selfish
/self centered / overbearing
でしゃばり

insolent
/cheeky
生意気

cheeky　ずうずうしい

I beg your pardon?　聞き返す
会話はキャッチボール!

　ホストファミリーと四六時中、英語で生活できるホームステイは、英語が喋れるようになりたいと思っている人にとっては、まさに理想的な環境。自分がその気であれば、いくらでも英語をモノにするチャンスが周りには転がっています。単語を知らなければ、子どもと同じように「お母さん、これは何?」と聞いて、生活に必要なボキャブラリーをふやしましょう。

　しかし、英語力に自信のない最初のうちは、相手の言っていることが理解できなくて、会話が続かなくなってしまうこともよくあります。そんな時はぜひ、下のダイアログ「コミュニケーション・スキルズ」を活用してください。知らない単語やフレーズがでてきても、これを使えば相手に質問をしながら、会話を続けていくことができるスーパー・パターンです。

1) 一回聞いて、聞き取れなかった時、理解できなくて聞きなおしたい時

もう一回言っていただけますか? I beg your pardon?

※ただし、これが使えるのは一回きり。何度も"Pardon?" "Pardon?"と繰返しては使えません。"I beg your pardon?"を使ったけれども、それでもわからなかった。そんな時は、「Excuse me, could you repeat that again, please?（すみません、もう一度繰り返していただけますか）」と聞きます。

A: Have you ever eaten black pudding before?
B: Pardon?
A: Have you ever eaten black pudding before?
B: Excuse me, could you repeat that again, please?
A: Certainly, have you ever eaten black pudding before?

2）質問されているけれど、意味がわからなくて答えられない

ＸＸＸは、他の言葉で
何て言いますか？

1. What is XXX in other words, please?
2. What is black pudding in other words, please?

3）音がキャッチできなかった単語の意味が知りたい

その、ブラック何とかというのは、
他の言葉で何て言いますか？

What is black… whatever you said in other words, please?

4）英語でどういっていいかわからないとき

これは、英語で何ていいますか？

What do we call this (that)?
What do we call these (those)?
What is this (that) called?
What are these (those) called?

5）自分の言っている英文が正しいかどうかわからないとき

" "と言うのは（" "のセンテンスは）、合っていますか？

Is it correct to say " I would like to go shopping today. " ?

" "と聞くのは（" "の疑問文は）、合っていますか？

Is it correct to ask " How many people are there coming to the party?" ?

この状況では、何て言いますか？

What should I say in this situation?

この言葉はどう発音しますか？

How do you pronounce this word?

> **Do** 分からなければ、相手にはっきりと伝えましょう
> **Don't** 分かったふりは絶対にしない

Silence is not Golden　相づちをうつ
相づちは「聞いているよ！」のサイン

日本語での会話のあいづちのひとつとして、よく使ってしまう「本当」。英語を話すときも同じような感覚で、ついつい「Really？」を連呼してしまいます。英語での「Really」は本当に驚いた時に聞き返す言葉のカード。頻繁に使いすぎると、相手は不愉快な思いをするのでやめましょう。

それから、英語を話し慣れてくる頃に癖になってしまいがちな「a-ha」の繰り返し。一見、コミュニケーション慣れをしているようにも見えますが、やはり不必要に使うのは、あまり相手に良い印象を与えません。かといって、ただ黙って何の意思表示をしないのはもっといけないことです。アイコンタクトもしない、あいづちもうたないような会話はしないでくださいね。

A: Shall we go to an Italian restaurant tonight?
今夜、イタリアン・ストランにいきませんか？
B: That sounds good!
いいですね！

A: I met Timothyat the school yesterday.
昨日、学校でティモシーに会ったよ
B: So did I. / Me too.
私も

A: I'm not good at cooking.
私、料理が得意じゃないの
B: Me neither.
私も

A: I'll call you tonight.
今夜電話するわね
A: Promise？
絶対？

A: I heard that you were late because of the traffic.
渋滞で遅れたって聞きました
B: That's right. It was terrible.
その通り
A: We are having a party this weekend.
今週パーティーをするよ
B: Sounds like fun. Can I come?
楽しそうね、行ってもいい？

A: Jane is getting married next year.
来年、ジェーンは結婚するんだって
B: Really? Is she?
本当？

A: UNIQLO seems popular in England too.
ユニクロはイギリスでも人気があるみたいよ
B: It seems so, yes.
そうらしいね

A: Is everything going all right with you?
上手くいってる？
B: Can't complain, thank you.
まあまあね、ありがとう

A: Do you think that John can be here on time?
ジョン、時間に間に合うと思う？
B: I doubt it. / I wonder.
無理じゃない？

A: Mary and Ken seemed to have broken up.
メアリーとケン、別れたみたいよ
B: I can't believe it!
そんなはずないでしょ！

A: We are open until 6o'clock on weekdays.
平日は6時まで営業しています
B: I see.
わかりました（なるほど）

A: The movie you recommended was fantastic!
薦めてくれた映画、すごくよかったわ！
B: I'm very happy to hear that.
それは良かった

A: She got ill because of stress.
彼女、ストレスがたまって身体をこわしたわ
B: No wonder.
無理もないよ

A: We have to change our plans.
計画を変えなくちゃね
B: It can't be helped.
仕方がない

A: The police found your wallet.
警察があなたのお財布を見つけたって
B: I'm so releaved. Thank God!
ほっとした（安心した）！

サイモンの一言

五感をフルに使って会話しよう

この章で紹介できた英語は、ほんの「ひな型」でしかありません。できるだけ紹介したものの、書面で表現をしていくのには限りがあります。言葉は生活の中で実際に使い、体験と結びついてこそ、意味やニュアンスを感じ取ることができるものです。特にあいづちは短いフレーズですが、まさしく生活の中で使ってみないと習得できない「生きた英語」のいい例でしょう。イントネーションや、単語ひとつで、意味や使い方は変わってきます。このあいづちに限らず、テキストから目で覚えて、暗記して使う英語に頼っていては「生きた英語」はなかなか習得できません。イン・コミュニケーションではシチュエーションを体験してもらいながら、「生きた言葉」を実践的に身につけられるように指導をしていますが、日本人にとって難しいのは英語そのものではなく、小・中・高校、大学他普通の英会話学校で身についてしまった「暗記癖」を取り除く事だと日々痛感しています。毎日「生きた言葉」に触れられるホームステイ。目、耳、口、頭、相手の気持ちや考えを感じ取る力、全てをフルに使って、ネイティブスピーカーがどんなシチュエーションで、どんなあいづちや言葉の使い方をしているのかをよく聞いて、真似して自分で使ってみましょう。

SIMON CHARLES RABONE

Chapter 4
外出をする

　今日はお出かけ。どうしても行きたい美術館があって、マザーにお願いして、連れて行ってもらうことにしたの。マザーは午前中に子供の学校に行かなきゃいけない用事があるからって、お昼にバス停のところのレストランで待ち合わせをすることに。私は一足先に家を出て、1人でバスに乗ってみたりしたんだけど、なんか勝手がわからなくって、どきどきした。

　まず、乗るときに行き先を言ってお金を払うんだけど、生まれて初めて乗るのに、行き先の名前なんてわかるはずないじゃない！迷ったあげく、「駅まで」って言ったら、運転手がだるそうに「○×◎△▲？」って言うのね。聞き返すととっても不機嫌そうに「○ポンド！」って怒鳴るから、怖くなっちゃってとりあえずその金額を渡しておいた。何人か乗ってくる人の会話をよく聞いてわかったんだけど、片道往復かって聞いていたんだ。こっちは明らかに外国人なんだから、もっと丁寧に説明してくれればいいのに！

　でも日本のバスとかも似たようなものかも。日本人の私が乗ってもなんだか、不愉快な思いをすることがあるもん。その日のムシの居所が悪い人って、どこにでもいるものね。

　マザーといっしょにお昼ご飯を食べた後、美術館へ行ったんだけど、本当にとっても素敵な作品ばかりで、感激！　イギリスへ来たらやっぱり、イギリスの画家の描いたものが見たくなるもの。マザーも絵が好きだから、学芸員の人にいろいろと質問をしていて、ふーん、そうなんだって思ったことがたくさんあった。

　連れてきてもらって本当によかった。よくお礼を言っておかなくちゃ。

Going out　外出、帰宅する

ご飯は食べるの?　食べないの?

「どこに出かけて何時に帰ってくるのかを言わない」というのは、ホストファミリーからよく聞かれるクレームです。本人は「ちょっとそこまで」「短時間だから」わざわざ言うほどでもないということなのでしょうが、預かっているホストファミリーとしては、突然姿が見えなくなると事故にでも遭ったのではないか、と心配してしまいます。

また、食事をどうするのか、という問題もよくあるトラブルとして挙げられること。まず一つめは、ホストファミリーが食事を用意して待っていてくれていたのに、「友達と夕飯を食べてきちゃった」という例。もう一つは英語力のなさから来るケースです。ネイティブは会話の中で、よく「Won't

you be having dinner at home tonight?」といった、否定の疑問文を使います。

どんな聞き方をされたとしても、いるならYES、いらないならNO、と非常に簡単なのですが、日本人は「はい」と返事をするものすべてYESで答えてしまいがちなため、「今夜は夕飯いらないの?」「はい」＝「夕飯をとる」といつの間にか会話が成り立ってしまっていることがあります。その結果、「夕飯をとる、って今朝言ったから作っておいたのに…」ということになるわけです。

英語に慣れるまでは、あやふやにしておかないで、少しでも「あれ?」と思ったら、もう一度確認をとるようにしましょう。

買い物にいってきます	1 I'm off to town to do some shopping
	2 I'm going shopping downtown.
学校にいってきます	I'm off to school.
5時に帰ってきます	1. I'll be back at 5 o'clock.
	2. I'll be home early this evening
新聞を買いに、ちょっとだけ外出をしてきます	I'm going to step out to buy today's paper. I'll be back soon.
牛乳を買いにちょっと出てきます	I'm nipping out to get some milk.

★★ A Welcome back.
　　B Thank you for the welcome back.

★ A Welcome back.
　　B Thank you.

玄関に着いてドアを開けたけど誰の姿も見えない、そんな時には「I'm home」または「I'm back」と大きな声で言います。家の中に入っていって誰かと顔を合わせたら「Hello」「Hi」と言いましょう。それに対して「おかえり」にあたるのが「Welcom back」最近ではあまりしなくなってきているようです。Well Come Back = Welcome back　「よく帰ってきたね」「遠方からはるばる、ようこそいらっしゃいました」というこの言葉の本来の意味が失われてきてしまって、残念です。では、現代式のあいさつはどんなものかというとHello!に対して、Hello, やHiで応答をしていきますが、そのイントネーションはとてもメロディアスです。ホストファミリーが挨拶しているのを、よく聞いてみてください。

Getting about　公共の乗り物

後ろに目はないけれど…

　公共の乗り物や、施設を利用する時、日本とシステムが違って戸惑うことも多いでしょう。わからなければ１人であたふたするよりも、誰かに聞いた方が手っ取り早いし、確実です。

　その際に気を付けなくてはいけないのが、いつ、どこにいても「Please, Thank you, Excuse me」を使うこと。マナーが良ければ、困っているあなたに対して、いろんな人が手を差し伸べてくれるはずです。

　また、特に公共の場所では、360度、自分の周りで何が起こっているのかに気を配ってください。一人で行動をす

るときはもちろんですが、気をつけたいのは特に友達と一緒のときです。横に並んでだらだらと歩いて、道をふさいでしまったり、おしゃべりに夢中になって周りをみていなかったりしてしまいがちです。

　レストランや、公共の施設できゃあきゃあと騒いだりしていませんか？「誰がどこにいるのか？」「誰かの邪魔になっていないか？」を常に注意を払う必要があります。それはマナーでもあり、危険から身を守る手段でもあるのです。

駅（バス・センター）は どこですか？	Excuse me, where is the railway station (bus centre)?
地下鉄（バス）の時刻表を いただけますか？	Excuse me, may I have a bus (subway) timetable, please?
予約がいりますか？	Excuse me, do I need to reserve a seat?
乗り換えが必要ですか？	Excuse me, do I have to change trains?
どこで乗り換えたら いいですか？	Excuse me, where do I change trains?
レスター行きの列車のプラット フォームはここでいいですか？	Excuse me, is this the right platform for the train to Leicester ?
何番ホームからレスター行きの 電車は出ますか？	Excuse me, from which platform does the train to Leicester leave?
ブラッド・ゲート・パークへの バス乗り場はどこですか？	Excuse me, where is the bus stop to for Bradgate Park?
クロック・タワー塔行きの バスはどこで乗れますか？	Excuse me, where can I catch a bus for the Clock Tower?
市立図書館へ行く バスはありますか？	Excuse me, is there a bus to the city library?
このバスはエンダービーに 行きますか？	Excuse me, does this bus go to Enderby?
そこに着いたら 教えていただけますか？	Excuse me, could you tell me when to get off, please?
バスを降りる時は どうしたら良いですか？	Excuse me, what am I supposed to do when I want to get off?
チケット売り場はどこですか？	Excuse me, where is the ticket office?
どこでチケットを買えますか？	Excuse me, where can I buy a ticket?
地下鉄の自動券売機は どこですか？	Excuse me, where are the subway ticket machines?
ロンドンへの往復（片道）のチケ ットをください	Excuse me, may I have a round trip (one-way trip) ticket for London, please?

Catching a taxi　タクシーに乗る

いじわる運転手にはノー・チップ!

　イギリス名物とも言える黒塗りのタクシーですが、残念ながら、イギリスのタクシー・ドライバーは親切だとは言えません。あなたが乗ったタクシーのドライバーがもし親切であれば、料金を払う際に10%〜20%のチップを上乗せして払うのが望ましく、親切でなければチップは少なく払うか、もしくは全く払わなくてもよいと思います。

　あなたがチップを払わないために（又はチップが少なかったために）、さ

らにドライバーの態度が悪質だったり、何か文句を言ってきたら、「You should think about your service and attitude. Please me and I'll give you the world.」と言いましょう。文句を言われたからと言って、「どうしよう！」と小さくなったり、怖くなっておろおろする必要はありません。チップは、いいサービスを受けてこそ支払うあなたの気持ち。あなたのサービスに対する不満を主張する権利があるのです。

タクシーを呼んでいただけますか？	Excuse me, could you call a taxi for me, please?
どこでタクシーを拾えますか？	Excuse me, where can I catch a taxi?
タクシー乗り場はどこですか？	Excuse me, where is there a taxi stand?
サーンビーの近くの、ヴァレンタインロードまでお願いします	Excuse me, could you take me to Valentine road near Thurnby please?
次の交差点で右（左）に曲がってください	Excuse me, please turn right (left) at the next crossroads.
ここからヒースロー空港までどれくらいかかりますか？	Excuse me, how long does it take to get to the Heathrow airport from here?
ここで止めてください	Excuse me, could you stop here, please?
おいくらですか？	Excuse me, how much is it?
荷物を運ぶのを手伝っていただけますか？	Excuse me, could you help me carry my luggage, please?
待っていただいてもいいですか？	Excuse me, could you wait for me, please?

Post offices and banks　郵便局・銀行へ行く

「お客様は神様」じゃないイギリス

日本ではコンビニやファースト・フードなど、店員とコミュニケーションをとることはだんだん少なくなってきてしまっています。スーっとお店に入っていって、買い物や注文をする。欲しいものがなければ、またスーっと何も言わずに出ていったとしても、別に誰も変には思いません。

しかし、Give & Takeのサービスをイギリスで受けるためには、まず1対1のパーソナルなお互いの立場を理解するところから始めましょう。

海外に出れば「客といえども対等な人間同士」。日本でよく言われるように「お客様は神様」は通用しません。英語に自信がなかったとしても、基本的なマナーと、コミュニケーションをとる気持ちは忘れないでください。

たとえば郵便局員や銀行員、店員の中にはムスっとして、感じの悪い人が必ずいるものですが、ちょっと考えてみましょう。態度の悪い人を毎日接客していれば、人間誰でも気分は害されます。あなたがマナーの良い、気持ちよく対応できる客であれば、自然とスタッフの態度も良くなるはずです。「お客様は神様」のメンタリティーのある日本では嫌なお客様でも笑顔で対応、が普通なのかもしれませんが、欧米ではお客様とのやりとり、お客様の態度は鏡のようにスタッフの対応に反映してきます。

あまりにも相手の対応が悪くてひどいサービスを受けたときは、毅然とした態度であなたの気持ちを伝えましょう。「Excuse me, do you usually conduct yourself like this?」又は「Excuse me, I don't like your attitude.」

日本だと、「責任者は誰ですか？」と直接クレームを言いませんが、欧米ではまずストレートに相手に直接言っていきます。

郵便局（銀行）は何時に開いて何時に閉まりますか？	Excuse me, what time does the post office (bank) open and close?
何時まで銀行（郵便局）は開いていますか？	Excuse me, how late is the bank (post office) open till?
口座（預金口座）を開きたいです。	Excuse me, I would like to open a current account (savings account please).

ここでお金の両替はできますか？	Excuse me, can I change money here?
ここでお金をくずす（両替）ことはできますか？	Excuse me, can you give me change for this,please?
為替レートはいくらですか？	Excuse me, what is the exchange rate?
この口座に送金をしたいのですが	Excuse me, I would like to transfer some money to this bank account, please.
トラベラーチェックを扱っていますか？	Excuse me, do you accept traveler's check?
この機械でお金をおろせますか？	Excuse me, can I withdraw money from this machine?
この手紙を書留でお願いします	1. Excuse me, I would like to have this letter registered, please. 2. Excuse me, I would like to send this registered. / Excuse me, registered mail, please.
速達の料金はいくらですか？	Excuse me, how much is it to send this priority mail (first class mail / express mail)?
この手紙を速達で送りたいです	I would like to send this priority mail. (first classmail / express mail), please.
この小包を日本に送るのにいくらかかりますか？	How much does it cost to send this parcel to Japan?

切手	stamp	はがき	post card
収入印紙	revenue stamp	小包	parcel
書留	registered mail	速達	priority mail
郵便局員	post office clerk	郵便料金	postal charge
			first class mail
			express mail
郵便番号	postcode	郵便貯金	post-office savings
郵便為替	postal order	振込む	transfer
引き落す	withdraw	普通口座	current account
預金口座	savings account	現金	cash
紙幣	bank-note	小切手	cheque
サイン	signature		

Restaurants and pubs　レストラン、パブへ入る、支払をする

指を鳴らすなんてはしたない!

レストランやパブでは、自分たちの提供するサービスに対して、とてもプライドをもって接客をします。日本ではお客様はウェイターやウェイトレスにあれこれ注文や要求をだし、一種、召し使いのように接していきますが、イギリスでは、自分たちのサービスや料理に値するお金をお客様は支払うもの、という考え方をもっています。ですから、ウェイターやウェイトレスをテーブルに呼ぶのに、指を鳴らしたり、手で招くジェスチャーなどは絶対にしないことです。

まずアイコンタクトをとり、軽く手を挙げて「Excuse me.」と一言声をかければ、すぐ来てくれます。ホームステイと同じメンタリティーを持つこと

が必要です。あなたは決してお金を出して「サービスを買う」のではありません。そのお店に踏み込むことで、出される食事をおいしくいただき、スタッフとのコミュニケーションを介して同じ空間、時間をシェアするわけです。

お店に入る時は「Hello, how are you?」と挨拶をし、食事を出されたら「This is delicious.」と言うなど、本当にちょっとした一言でスタッフの気持ちや態度を変えることができます。例え高級料理だったとしても、サービスが悪ければ味も落ちます。その原因はもしかしたら、あなたなのかもしれないということも頭に入れておきましょう。

今夜7時に2人で予約をしたいのですが	Excuse me, I'd like to reserve a table for two at 7o'clock tonight, please.
2人、入れますか?	Excuse me, do you have a table for two?
ドレスコードはありますか?	Excuse me, is there any dress code?
この服装では、お店に入れないでしょうか?	Am I not suitably dressed?

メニューをいただけますか？	**Excuse me, may I have the menu, please?**
注文していいですか？	**Excuse me, may I order, please?**
今日の特別料理はありますか？	**Excuse me, do you have anything special today?**
あれと同じ料理をいただけますか？	**Excuse me, can I have the same dish as that person there, please?**
あなたのおすすめのものをいただきます	**Excuse me, I would like your recommendations, please.**
すみませんが、これは頼んだものとちがいます	**Excuse me, I'm afraid this is not what I ordered.**
お勘定をお願いします	**Excuse me, may I have the bill, please?**
クレジット・カードで支払えますか？	**Excuse me, may I pay with this credit card, please?**
すみませんが、お釣りが違います	1. **I'm afraid, you gave me the wrong change.** 2. **Excuse me, I think there is a mistake with my change.**
失礼ですが、この料金は何ですか？	**Excuse me, what is this amount for?**
すみませんが、請求書のここの部分が違っていると思います。説明していただけますか？	**Excuse me, but I was wondering about this part of the bill. Would you explain, please?**

Galleries and museums　美術館・博物館へ行く

抜き足・差し足・忍び足…

　その国の文化に触れたければ、美術館や博物館へ行くのがおすすめです。イギリスではどんな小さな町でもきちんと整備された美術館や博物館があり、比較的安い値段で入館することができます。たいていはその町を訪れた旅行者が気軽な感じで歩いている程度ですが、たまに地域の小学生たちの授業の一環として利用されていたりします。

　美術館・博物館を訪れた際のマナーとしては万国共通かと思いますが、とにかく静かにすることです。「Silence is golden.（静は金）」という言葉もある通り、話すときはひそひそ声で、歩くときは音を立てないように気をつけます。「tip toe through the tulips（チューリップの間をつま先で歩く）」のようにひっそりと歩き、他の人が展示物を見ている前を平気で横切ったりしないようにします。

チケットはここで買えますか？	Excuse me, can I buy a ticket here, please?
この展示会はどこで催されていますか？	Excuse me, where is this exhibition being held?
博物館の休館日はいつですか？	Excuse me, when is the museum closed?
この展示会はいつまで催されていますか？	Excuse me, when does this exhibition finish?
博物館は何時まで開いていますか？	Excuse me, how late is the museum open?
ここで写真を撮っても大丈夫ですか？	Excuse me, am I allowed to take photos in here?
この絵は、いつ描かれたものですか？	Excuse me, when was this picture painted?
この画家は、この町（村）で生れたのですか？	Excuse me, was this artist born in this town (village)?
この画家はもう亡くなったのですか？	Excuse me, does this artist still produce work?
いつ、亡くなったのですか？	When did he (she) pass away?

写真	photograph	写真家	photographer
パンフレット	pamphlet	彫刻	sculpture
彫刻家	sculptor	油絵	oil painting
油絵画家	oil painter	水彩画	watercolor
水彩画家	watercolor painter	陶芸	ceramic art
陶芸家	ceramic artist	展示品	exhibit
展示場	exhibition hall	入口	entrance
出口	exit	学芸員	curator
図書員・司書	librarian	化石	fossil
標本	specimen	切符売り場	ticket office
天然記念物	natural monument	像・銅像	statue

サイモンの一言

Give & Take

　楽しいホームステイを送っていくためには、まずあなた自身の性格をステイ先の家族に合わせる、オープンになること。そしてホストファミリーがどんな待遇をしてくれるのかを期待する（受けるだけ）のではなくて、あなたがホストファミリーに対して何ができるのか、「takeではなくて、give」の気持ちをいつも持つよう心がけることです。では何をgiveできるのでしょう？人に対して親切でいること、ホストファミリーの役に立つように努めること、マナーに気をつけて迷惑をかけないこと、フレンドリーでいること、その家族の一員になれるよう努力をすること。あなたができるgiveはとてもたくさんあります。そしてもし、人間関係がうまくいかなかったり、問題が起きたときは、何が原因なのかをよく考えてみることです。「だってあの人たちが…」そういって相手を指さしたあなたの手。人指し指1本は相手のほうに向いているけれど、残りの3本は自分のほうに向いていませんか？そう、相手を非難する前に、自分に否がなかったかどうか、よく考えてみるべきです。

　本当に残念なことですが、上での例のように、ホストファミリーの中には教育や文化交流などという考えは毛頭もなく、ビジネスとしてゲストを受け入れる家庭も少なくありません。あなたががんばってgiveの気持ちをいつも持ち、ホストファミリーとうまくやっていこうとしても、アン・ラッキーなことにビジネス主義のファミリーに当たってしまったら、我慢はせずに、斡旋してくれた留学センターのカウンセラーの方に相談をしましょう。

SIMON CHARLES RABONE

Chapter 5
テーブルマナー

　「今日はどうしてこんなにごちそうなの？」って聞いたら、子供の誕生日なんだって！　高級レストランみたいな食器のセットがずらりとならんで、フォークもナイフもたくさんあって、あれ？　ちょっと不思議な形のナイフが…。「それはフィッシュナイフよ」お魚を食べるときにはやわらかい身を扱いやすいようにちょっと幅広になっているんだって！

　日本でもコースのお料理を食べる機会があるけど、なかなかちゃんとしたテーブルマナーなんて習うこともないし、この際、ちゃんと教えてもらおうかな。まずはテーブルに座った時に、私が使っていいエリアの説明から。なんだか小学生の時にとなりの席の子とよくやった「ここからは入ってこないで！　私の場所なんだから！」みたいなこぜりあいを思い出しちゃった。これには、ちゃんと理由があって、隣の人が食べるのに邪魔にならないように、ということらしい。だからもちろんテーブルだけじゃなく、そこからつながるラインにもそれぞれ個人のエリアがあって、そこから肘を出していたりしちゃだめなんだって！

　そのほかにも食事中のフォークとナイフの置き方とか、手を伸ばしてとってもいいお料理の位置とか、いろいろ教わって、なんとなく、これで私もちゃんとしたマナーを身につけた人みたい！

　でも失敗がひとつ…。気を利かせたつもりで、日本の居酒屋でよくするように私の前にあったお料理を隣の人のお皿によそおうとしたら、マザーに「料理の方のお皿をまわせばいいのよ」と言われてしまった……

The table　食卓で

肉用と魚用。ナイフの持ち方が違う！

どこの国でも核家族化がすすんでしまい、一般家庭の食卓で家族が揃って食事をとるということは、もうあまり日常では見られなくなってきてしまっているのかもしれません。それでもクリスマスや誕生日などの特別な日は、家族みんなでディナー・テーブルを囲んで、という家庭はまだまだ残っているし、週末は家族揃って、という家庭もあるでしょう。

または、ステイ先の家族と一緒に食事をするだけでなく、ホームステイをしている間には、その家族の知り合いや、友達になった人からホーム・パーティーのお誘いを受けることがあるかもしれません。そんな時に、動きがぎこちなくなってしまったりして、食事が楽しめない、といったことがないように、標準的なテーブル・マナーを見

てみることにします。

「マナー」と難しく考えなくても、食べ方のきれいな人、基本的なエチケットを心得ている人と食事をするのは気持ちのよいものです。食卓は、そもそも「お食事をしながら会話を楽しむ場」。会話をせずに黙々と食べる日本人と囲むディナー・テーブルは、欧米圏の人からみると、辛気臭いお通夜の席のようなのです。

テーブル・マナーというと、どうしても面倒くさくて畏まったもの、といったイメージが強くなってしまいがちですが、どうやってスムーズに、見た目もよくみんなで食事を楽しめるか、といったこことに気が配れるようになれば、それほど難しいものではなく、逆に非常に合理的に成り立っているということがわかってくるでしょう。

Breakfast

① cereal bowl

tea cup

glass

cereal spoon

butter knife

② main plate

side plate

meat fork

meat knife

Supper

wine glass

white

red

dessert spoon & fork

butter knife

main plate

tumbler (for water)

side plate

fish fork

meat fork

meat knife

fish knife

meat knife

meat knifeは肉を切るのに
しっかりと力をいれられる
よう、人差し指をナイフの
背に添えて、手のひら全体
で軽く握ります。

fish knife

fish knifeは鉛筆を持つ時と同
じように、中指にのせて親指
と人差し指で軽く支えます。
身のやわらかな魚の身をくず
さずにうまく食べられます。

Timing　バランスとタイミングを考える

気が利かない「よそいましょうか？」

　欧米圏の家庭では、大皿に盛ったお料理をみんなで取り分けて食べるのが一般的です。そこで日本人がよく失敗してしまうのが「量の取り過ぎ」。まず、たっぷりとってしまうのは、「お腹が空いたまま、食事を待たされた」ということです。

　全体の人数と食事の量のバランスを考えず、自分の欲しい分だけ山盛りに取り分けたり、食べられる量を考えずによそって、平気で残しているのもよく見ます。お皿にお料理を残すのは、出された食事が口に合わなかった、まずくて残した、といった印象をホストに与えてしまいます。

　また日本人は、大皿料理をみんなでわけるとき、両隣の人のぶんまでよそおうとしますが、自分のぶんだけを取って、どんどん隣の人にお皿をまわしていくようにしましょう。そうすることで、熱い食事は熱いうちに、冷たい食事は冷たいうちにいただくことができます。「よそいましょうか？」なんて右往左往してしまうと、かえって時間がかかってしまうのです。

　食事中に塩やコショウが必要になったときに自分から離れているところにあったら…。手を伸ばして取るのはとても失礼になります。一番近い人に頼んで取ってもらいます。頼むタイミングにも気をつけましょう。口に物が入っていたりして、食べている最中には絶対お願いしないこと。その人の手が空くのを待って、自分にまわしてもらいます。また、あなたが食事中（口にモノが入っている最中）に話しかけられた時は、軽く握りこぶしを口の前に持っていけば、話すことができます。そのまま話し続けてもかまいませんが、相手はきっと「I'm sorry」または「Excuse me」と言って食べ終えるのを待ってくれます。

すみません、お塩をとっていただけますか？	Excuse me, would you pass me the salt, please?
すみません、これをジョアンナに渡していただけますか？	Excuse me, would you pass this to Joanna, please?

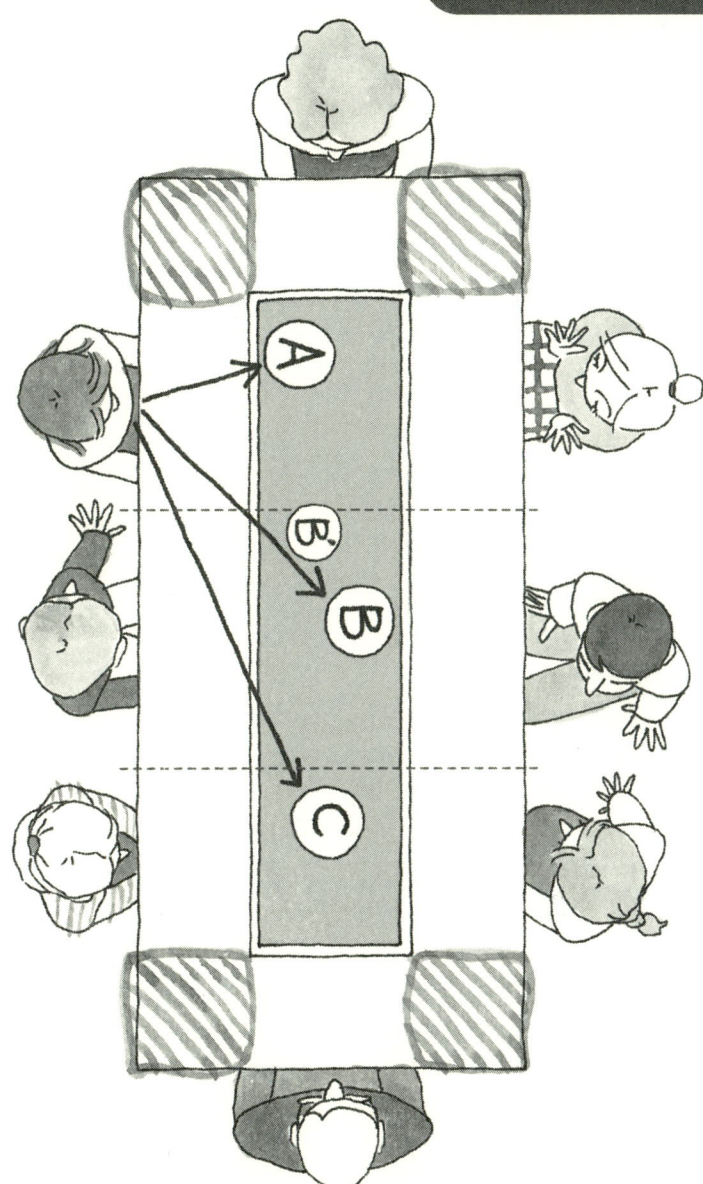

テーブルの中央は料理などを置く共有ゾーン。それ以外のスペースのうち、それぞれの目の前の部分が各々のゾーンになります。自分の取り皿やフォーク、ナイフなどの食器が他の人のゾーンに入らないよう気をつけましょう。

　料理や調味料などが自分と離れた場所にあって、他の人のゾーンに入らないと届かないものは必ず他の人にお願いします。例えばあなたから見てAの位置にあるものは手を伸ばすだけで届きますが、BやCの位置にあるものは「Would you pass ○○to me ,please?」と言ってとってもらいましょう。

　B'のように手を伸ばせば届くけれども、他の人のゾーンに入ってしまう位置にあるものは基本的には頼んでとってもらうようにしますが、頼むべき人が隣の人とおしゃべりに忙しいときなどは「Excuse me stretching across 」といって邪魔にならないよう、手早くとります。

Politeness　気をつけたい表現・マナー

テーブルの上に不思議な料理が！

　日本に海外の人たちがやってきて、納豆やいかの塩辛を出されて驚くのと同じように、私たちが海外へ行けば、当然のことながら日本では見慣れないものや、食べたことのない、その国ならではのお料理が出てくるものです。せっかく自分の国に日本からやってきたのだから、と腕をふるって「どうぞ」と出してくれた食事が口にあわなかったら、あなたはどんなリアクションをとりますか？

　どんな味なのか、見当がつかなければ、ほんのちょっとだけよそっていただきます。そして、おいしければ、またもうちょっといただけばいいわけですし、自分の口に合わなければ、取った分だけでおしまいにします。「It's an interesting taste.（面白い味ですね）」または「It tastes unique.（ユニークな味ですね）」といって、それ以上手をつけないのをみれば、ホストは「あま

り好きじゃなかったのね」と察してくれるはずです。

　見慣れない食事を出された時にじっとそのお料理を見つめたり、食べる前に臭いを嗅いだり、一口食べてみて、いかにも「まずい！」「何これ！？」という表情をするのは大変失礼です。食べ物をナイフやフォークでひっくり返したり、つつき回したりするのも絶対に止めましょう。

　食べる前に、その自分の前にでてきた食べ物が何だか知りたい場合は、「May I ask what this is (these are)please?　（これは何だか聞いてもいいですか？）」と聞きます。「What's this (are these)?」「何これ？」と聞くのは、ダイレクト過ぎます。どうしても食べられない時は「Excuse me, would you be offended if I left this, please? I'm rather full.」と言って、お皿の隅に寄せて残します。

> Don't 間違っても、出された物に対して、しょっぱいとか、口に合わないとは言わないこと。また表情に出すのも大変失礼です。
> Don't 食べたことがないものは、特にたくさん取り過ぎないこと。

Vegitables

えだまめ	green soy beans	かぶ	turnip
かぼちゃ	pumpkin	カリフラワー	cauliflower
キャベツ	cabbage	きゅうり	cucumber
クレソン	water-cress	ごぼう	burdock
さつまいも	sweet potato	さやえんどう	peas
しいたけ	Japanese mushroom		
しそ	perilla	じゃがいも	potato
しょうが	ginger	セロリ	cellery
そらまめ	broad beans	大根	radish
大豆	soy beans	タケノコ	bamboo shoots
タマネギ	onion	とうがらし	chilli pepper
トマト	tomato	なす	egg-plant
にんじん	carrot		
ねぎ	leek/welsh onion		
はくさい	Chinese cabbage	ピーマン	green pepper
ブロッコリー	broccoli	ほうれん草	spinach
もやし	bean shoots	やまいも	yam
レタス	lettuce	レンコン	lotus root

Fruits

あんず	apricots	いちご	straberries
いちじく	fig	オレンジ	orange
かき	persimmon	木いちご	rasberries
きんかん	kumquat	くり	chestnut
くるみ	walnuts	グレープフルーツ	grapefruit
サクランボ	cherry	ざくろ	pomegranate
スイカ	water melon	梨	pear
バナナ	bananas	びわ	loquat
ぶどう	grapes	みかん	tangerine
もも	peach	ライチ	lychees
リンゴ	apple		

Fish

あさり	short neck clam	あじ	horse mackerel
あなご	conga	あゆ	sweet fish
あんこう	angler fish	いか	squid
いせえび	crayfish	うなぎ	eel
うに	sea urchin	えい	ray
大えび	lobster	海藻・のり	seaweeds
かつお	bonito	かに	crab
かます	sea pike	くらげ	jelly fish
こえび	shrimp	こんぶ	kelp
さば	mackerel	さんま	mackerel pike
しじみ	corbicula	すずき	sea bath
たい	bream	たら	cod
たら	cod	とびうお	flying fish
なまこ	sea cucumber	にじます	rainbow trout
にしん	herring	はまぐり	clam
はまち・ぶり	yellow tail	ふぐ	puffer fish
ホタテ貝	scallop	ます	trout
めかじき	swordfish		

Sorry,I can't　もし食べられなければ

料理に塩をふったらマザーが激怒!

自分のお皿に食事が出されてから、「実はお肉が食べられなくて…」と言って断る人がかなりいます。ホームステイをすると決めた時点で、よそのお宅で食事をいただく、ということはわかっているわけです。もし、アレルギーなどがあって、どうしても食べられないものがある場合は、できるだけ早い時期に、ホストに伝えなくてはいけません。

好き嫌いで食べ物を断るのは、個人の勝手な都合です。出されたらがんばって食べましょう。

また、目の前に塩・コショウがあったとしても、実際に食べる前から食事にふりかけるのは失礼になります。ホストは味見をしながら料理を作ってお客様に出すので、その味付けを信用していない＝お料理（味付け）が下手、ということになってしまうのです。また、味見をした後でも、あまりにもたくさん調味料をザーっと振りかけるのは、その料理のもつ味わいを損なうことになるので、やめたい行動です。

| アレルギーがあるので、
食べられません | 1. I'm very sorry, but I'm allergic to egg and can't eat them.
2. I'm sorry, I can't eat egg, because I have an allergy. |

外国人が日本に来ると、よくおもてなし料理として懐石料理をいただきます。お吸い物の味は、濃い味付けの料理を食べつけている外国人にとっては物足りず、しょうゆや塩をたくさん入れて飲む人がたくさんいます。でも、お吸い物のだしは、鰹節や昆布などのかもしだす繊細な味や風味を楽しむもの。しょうゆなどを入れたら大なしになってしまいます。みなさんもステイ中に料理をいただくときは、その国の味付け、その食材のもつ風味をまず味わってみてください。

What a ～, How ～, etc　食事中のコメント

料理が美味しくなる魔法の言葉

　食事を出されたら、出されたまま、「おいしい」とも何とも言わずにただ黙々と食べる人がよくいます。自分が作った食事をみんなが「おいしい」と言って食べてくれるのは、作った人にとって何よりの喜びでもあります。

　また、海外でのトラディショナルな料理は、例えば一匹丸ごとの七面鳥が出て来たり、と日本ではあまりお目にかかれないダイナミックな品々だったりします。食べておいしい、と思えば、どうやって作るのか、どんな味付けをしているのか、など、どんどん質問してみましょう。あれこれ聞いてみることは、あなたが出された食事をおいしく食べている、という気持ちの表れでもあります。ただ、あまり聞きすぎるとしつこくなってしまいます。

「おいしい！」のバリエーション

食前（Before the meal.）It looks good . Thank you.
It smells great. Thank you.

食事中（During the meal.）t tastes good. Thank you.
It is delicious. Thank you.

食後（After the meal.）That was delicious. Thank you.

どうやって、作ったのですか？	Excuse me, how did you cook (prepare) this?
どれくらい調理に時間をかけましたか？	Excuse me, how long did it take you to cook this?
どうやって味付けをするのですか？	Excuse me, how did you season this?
日本に帰ったら、是非、これを作ってみたいです。	I would like (love) to cook this when I go back to Japan.
なんてお料理が上手なんでしょう。	What a great cook you are!

Stuffed（not a particularly nice word）　お腹がいっぱい

おかわりを断りきれない私…

　食事のペースやマナーはホスト、ホステスをよく見て、それに合わせましょう。食事をとるスピードは、早過ぎても、遅過ぎてもいけません。みんながそろそろ食べ終わる頃にまだ料理が残っていれば、ホストが「Would you like some more?（もっといかがですか？）」とすすめてくれます。

　もう少し食べたければ「May I? Thank you so much.」といって遠慮せずにいただきます。もうお腹がいっぱいで食べられない。そんな時は、丁寧にお断りします。

　みんながテーブルで食事をしている最中に、「Excuse me.」といって席を立たないようにしてください。何かと思って尋ねると、トイレに行きたくなったとか、薬を飲んでもいいかとか、よく聞かれます。席を立つこと自体、いけないマナーですが、食事の席で薬を飲むのを見せる＝体調がよくないことを周りの人に見せるのも気をつけたい行動です。食後にそっと服用しましょう。

　また、食事の席で薬を飲んでいる人がいたら、見て見ぬふりをします。「どこか、体調が悪いの？」なんて聞いてはダメです。

もうお腹がいっぱいです

1. Thank you, but no thank you. I've had more than enough.

2. Thank you, but no thank you.
   I couldn't eat another bite.
   That was great.

食事中

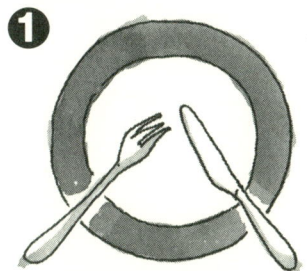

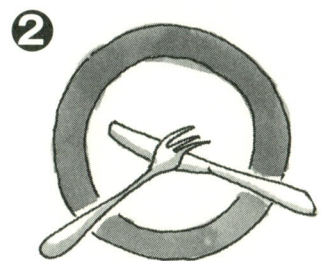

食事中にナイフとフォークを休める時の位置です。1.2どちらでもかいまいませんが、食べ終わっているのにこの位置でナイフとフォークを置いたままにしておくと、「まだお腹がすいています。おかわり」の催促になってしまいます。

食事を終えたら

食べ終わったら、フォークとナイフはそろえてお皿の上に置きましょう。3.4どちらも違いはありませんが、4はアメリカでよく見られるスタイルです。

Don't

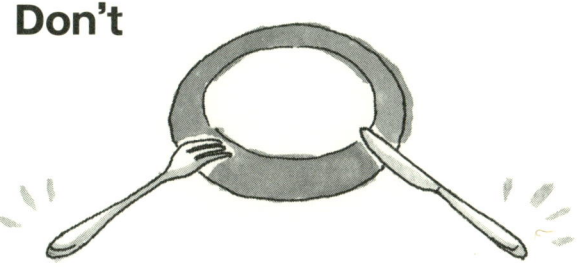

ナイフとフォークの柄は決してテーブルにつかないようにしてください

あなたもやっていない？

なかなか使い慣れない、フォークとナイフ。「お箸の国の日本」だけれども、最近ではフォークとナイフでいただくような場所もかなり多くなってきていますね。スマートに食事をいただくには、やっぱりやってはいけないマナーがいくつかあります。やってしまっていませんか？こんなこと…

Don't

ナイフとフォークの先を上に向ける

ナイフとフォークは武器にもなる、ということを覚えてください。ナイフとフォークの先はいつも下に向けます。

Don't

フォークを右手で持つ

左利きでない以上、フォークは左手で使います。また、お米やグリーンピースなど、こぼれて食べづらいですが、スプーンのようにすくって食べないでください。

Don't
肘を張る

固いお肉を切るのに、つい力が入ってしまったりもしますが、両隣の人にぶつかったりしないよう、肘は張らないでください。自分のゾーン内で、小さくまとまって食べるようにしましょう。

肘をテーブルにつける

これは、食べづらいだけでなく、とても見苦しいのでやめてください。こんな食べ方をしている人、たまにファミリー・レストランとかで見かけますね。

Don't

Don't

ナイフやフォークを宙に振りまわす

フォークで相手を指しながら、ついつい話しに夢中になってしまったりしていませんか？　人指し指を相手に向けるのと同様、またはそれ以上に失礼なマナーですし、前述したように、危険でもあります。絶対にしないでくださいね。

マナーを通して
食事の楽しみ方に気づこう

　「これはこうじゃないといけない」「ここはこうすべきだ」と自分なりのスタンダードで、マナーに固執する人たちがいます。確かに基本的なマナーを心得て、見た目を美しく食べるのはとても大事なことだと思いますが、マナーにとらわれすぎて食事を楽しめないのも、本末転倒のような気がします。テーブル・マナーは突き詰めてしまえば本当に細かいルールがいくつもあり、全てを紹介するのはとても大変なことです。ここで紹介したのは、一般、それ以上のクラスの家庭でのいわゆる「ディナー」の席、又、きちんとしたレストランなどで受け入れられるであろう、共通の知っておいてほしいマナーです。そうは言っても、ここで紹介したのが全てで、ベストというわけではありませんので、これをベースに、いろいろと参考にしていただければと思っています。

　「楽しんで、見苦しくなく食事をすること」「食事を味わって感謝をすること」この考えがベースになって、いろいろな形のマナーが出来上がってきました。マナーを知ることの大切さは、マナーを通して「食事をすること」の本来の意味、食事の楽しみ方に気づくことであるとも言えるのではないでしょうか？

サイモンの一言

SIMON CHARLES RABONE

Chapter 6
トラブル・SOS

　朝からなんだか、具合が悪い…。熱っぽくてのどもがらがらする。なのに背中はぞくぞくして、どうやら風邪みたい。

　今日でちょうどここの家にきて一週間目。知らない家へ来て毎日慣れない英語と格闘していた上に、失敗しないようにしなくちゃ、とちょっと緊張していたから、疲れてしまったのかもしれない。

　マザーに言ったらドラッグストアに行って薬を買ってきてあげるから、どんな具合なのか症状を説明して？　って言われたけど、そんな単語習ったこともないし、うまく説明できない。

　いろいろ質問して聞きだそうとしてくれるんだけど、なんだか言っていることが難しくて、わからない。でも気分が悪いものだから、ちゃんと聞き返すのがおっくうで、ついついいいかんげんな対応になっちゃったみたいで、こんどはマザーが気を悪くしちゃったみたい。

　どうしよう、毎日こんなによくしてもらっているのだから、ちゃんと謝らなきゃ、とは思うんだけど、働かない頭でいろいろ考えてもいい言い方が見つからない。

　泣きっ面にハチとはよくいうけど、トラブルってほんとたてつづけに起こるもの。しかもいつ起こるか、なんてわからないから、たいていは突然頭をかかえるはめに…

　マザーが帰ってきた。玄関のところまで迎えに行こうとしたら、「そんな寒い格好でベッドから出てはダメよ！」って。さっきの対応も私を心配するあまりの困った顔だったみたい。お互いに誤解がとけて、ちょっとだけハッピーな気分になった。

Speak your true mind　わからないときは
わかったフリがトラブルの元

常に周りで何が起こっているのかを意識して、状況の変化に対応していく順応力（awareness）を養うことが、自分の身をトラブルから守るキーだと言えます。ただ、どんなに気をつけていても、予測のつかないトラブル、アクシデントに巻き込まれたら、不必要にパニックにならず、こんな時だからこそ、的確に状況を伝えていかなくてはいけません。

わからなければ、わからないと相手にきちんと言うこと。わかったフリをしてしまうと、問題は解決しないばかりか、また別のトラブルを引き起こすことにもなりかねません。

私たちは所詮、ネイティブ・スピーカーではないのですから、分からないことがあって当たり前。自分がわからないことを相手にきちんと伝えて、時間をかけてでも状況を把握していくことがお互いのためです。（P76のI beg your pardonのコミュニケーションスキルズを是非活用してください）

わかりません	I'm sorry, I don't understand.
理解できない	I'm sorry, I don't know.
知らない	1. I'm sorry, I'm confused. 2. I'm sorry, I'm lost. 3. I'm sorry, I'm not following you.
（混乱して話しが）わからない、話しについていけない（難しくて）わからない	I'm sorry, It's over my head.

Own up　誤解を解く

「間違えた」を言い間違えた!?

学校でテキストを使って英語を勉強するとき、「What is your name?」は「あなたの名前は何ですか？」、「I like English very much.」は「私は英語がとても好きです」という具合に、直訳で習った人は多いと思います。でも、普通に生活をしている時、本当にこんな言い方をしているでしょうか？　文化や考え方の違う外国語を習得するには、そのシチュエーションを体験して言葉を感じ取ることが必要です。

同じように日本語では「あ、間違え

た」とか「あ、そうじゃなくって…」と言いたい時、日本人は「I made a mistake.」と言ってしまうわけですが、これはシチュエーションにそぐわない変な英語です。

テキストから学ぶ英語、学校で習う直訳英語には落とし穴がいっぱい！せっかく海外に英語を勉強しに来ているのですから、ホストファミリーやまわりの人の話している言葉を聞きながら、その場に合った英語を覚えていきましょう。

こんなはずじゃなかった	I'm sorry, It wasn't supposed to turn out like this.
説明させてください	Excuse me, please let me explain.
どうか、誤解しないで	Excuse me, please don't get me wrong.
ごめんなさい、あなたの言ったことを誤解していました	I'm sorry, I misunderstood what you said.
ごめんなさい、あなたに尋ねられたことを聞き取れませんでした	I'm sorry, I couldn't (didn't) catch what you asked.
あなたの聞き違いです	Excuse me, I think you misheard me.
そういうつもりで言ったのではないです。本当は〜というつもりだったの	I'm sorry, I didn't mean to say that. I meant to say〜.
どうしようもなかったの	I'm sorry, I couldn't help it.

How to decline　お断りをする

はっきり言えばいいってもんじゃない

日本人に比べて「Yes」と「No」がハッキリしている欧米圏の人々。でもだからといって、誘いを受けたり、何かをお願いされたときに、いきなり「No」と断ってしまうのは、「言葉が足りない」だけで片付けられるものでは ありません。やはり、言い方を考えて失礼にならない断り方を使いたいものです。もちろん、断らないといけない理由があるのであれば、断った後に、その理由も相手にきちんと伝えます。

ごめんなさい、もし差し支えなければ、今夜は外出したくないのですが。	I'm sorry, I'd rather not go out tonight, if that's all right with you. （是非、覚えておきたい丁寧な言い方）
ごめんなさい、あんまりビデオは見たくない気分	I'm sorry, I don't feel like watching a video.
すみません、悪いけれども、それはできません	I'm afraid, I can't.
ありがとう、でも結構です	Thank you, but no thank you.
一緒に行ければいいのだけれど	I wish I could go with you,but I can't
ごめんなさい、パーティー気分ではないの	I'm sorry, I'm not in a party mood.

理由：because I don't feel well.

気分がすぐれない	I'm rather tired.
ちょっと疲れている	I've got something I have to do.
他に用事がある	I'm a bit behind with things.
急いでいる	I'm rather busy right now. / I'm
今、とても忙しいの	snowed under with things.

Say "sorry" soon　謝る

「ごめん!」謝るのは簡単だけど…

　自分が間違った、いけないことをした、と思ったら、すぐに謝って二度と同じ間違いをしないことが、とても肝心です。日本人はよく「I'm sorry.」と言って謝るけれど、謝っておしまいで、同じことを何度も繰返す、というのが日本人に対するネイティブの印象。欧米人は悪いことをしても謝らない、と

いうのがネイティブに対する日本人の印象。そう、「I'm sorry.」の言葉のもつ価値観がどうやら大きく違うようなのです。「I'm sorry.」を言わなくてもすむように生活を送れるのがベストですが、口先だけでの「I'm sorry.」ではなく、本当に必要な時に心からこの言葉を使いましょう。

> **Don't** I'm sorry.を軽々しく使わない
> **Do** Excuse me.とI'm sorry. を場面に応じて使い分けられるようにしましょう

そそっかしくて、すみません。	I'm sorry. That was really clumsy of me.
お待たせしてしまってすみません	I'm sorry to have kept you waiting.
すみません	1. I'm so sorry. 2. I'm really sorry. 3. I'm awfully sorry. 4. I'm terribly sorry.

※自分の不注意や、そそっかしい行動でトラブルを起こしたときに使います。

Asking the Directions　道を尋ねる

親切な人は一目でわかる！

　街をせわしく歩いている人に何か尋ねものをするときは、Excuse meと声をかけずに「Would you〜？」と必要な用件だけ言うようにして、相手の時間を必要以上に奪わないよう、配慮しましょう。また、急いでいそうな人には声をかけない、といったタイミング、マナーに気をつけましょう。アイコンタクトをとって近づいていくと、答えてくれそうな人とそうでない人は案外見分けがつくものです。時間を惜しんで向かう目的地がある人や、土地勘の

ない外国人に丁寧に説明する余裕のない人は目があわないか、すっと目を逸らしますので、そうでない人に声をかければ困っているあなたをヘルプしてくれることでしょう。

　ただし、ありあまる時間を持っているというわけではありません。わーっと早口に説明されて、わからなくなってしまったら、「I'm sorry, I don't understand. Excuse me, would you explain that again, please?」と聞き返します。

道に迷ってしまいました。シャイヤーセンターまでの道を教えていただけますか？	Excuse me, I'm lost. Can you direct me to the Shire Centre, please?
セント・マーチン・ブックショップへはどう行けばよいのか教えていただけますか？	Excuse me, would you tell me how to get to St.Martins Book shop, please?
この道はクロック・タワーへ行きますか？	1. Excuse me, does this road take me to the Clock Tower? 2. Excuse me, does this road go to the Clock Tower?
この地図で、ここはどの辺りになりますか？	Excuse me, would you show me where I am on this map, please?
エンダビーにはどうやって行ったらよいですか？	Excuse me, how can I get to Enderby?
この近くに薬局はありますか？	Excuse me, is there a pharmacy (drug store) near here?
何か目印はありますか？	Excuse me, are there any landmarks I will notice?

I'm sick! 病気になったら
軽い風邪なら ドラッグストアへ

体調がすぐれない、熱があるといったようなときはまずホストファミリーに相談しましょう。

イギリスでも、日本と同じように、それぞれの家庭でお世話になっているホーム・ドクターがいます。お店や銀行、郵便局などと同じように、1対1のパーソナルな対人関係をとても大事にするドクターは、いろいろな相談ができる心強い見方です。

たいした病気や怪我でなければ、薬局に行って薬を買って処方し、それでも治らなかったり、症状が深刻であればドクターに診察してもらうのも、日本と同じようです。病院に行ってきました「I went to the hospital.」という英語をよく耳にしますが、このhospitalは大学病院のような、総合病院のことをさします。Hospitalは重病人が行くところなので、かぜなどの軽い症状での「病院に行ってきます」は、「I'm going to the doctor.」と言います。

具合がよくありません	I'm not feeling well.
食欲がありません	I don't have an appetite.
熱が下がりません	I have a constant fever (temperature).
鼻がつまっています	I'm all blocked up.
痰がからみます	I cough up all kinds of things.
何度か吐きました	I've been sick 3times today.
頭がふらふらします	I feel dizzy.
手足がむくみます	My hands and feet are swollen.
指から血がでています	My finger is bleeding.
お医者さんへ連れていってもらえますか？	Could you get me to a doctor, please?
予約をとっていただけませんか？	Would you make an appointment for me, please?

I've got（症状）.

a headache	頭痛	a hangover	二日酔い
earache	耳が痛い	a cold	風邪をひいた
a cough	咳がでる	toothache	歯が痛い
a runny nose	鼻水がでる	sore eyes	目が痛む
chapped lips	（乾燥で）唇が荒れる	a sore throat	喉が痛い
a sore neck	首が痛い	stiff shoulders	肩がこる
sore muscles	筋肉痛	back ache	腰が痛い
stomach ache	腹痛	a temperature	熱がある
a fever	熱がある	sun burn	日に焼けた
upset stomach	お腹の調子が悪い	itchy eyes	目がかゆい
a blister	水ぶくれ		
cramp (in the leg)	（足が）つる	a sneeze	くしゃみがでる
a hay fever	花粉症	I cut myself.	指を切った
I burned myself	火傷した	I feel sick	気分が悪い

My wisdom tooth is painful. 親知らずが痛む
I feel dizzy.. めまいがする

痛みのいろいろ

「頭がずきずき痛む」「お腹がきりきり痛む」日本には「痛い」にも
いろんな表現があります。では、英語ではどうかというと「痛い」
は「痛い」、日本語のような表現はなく、次の3つの単語で使いわけ
ます。

　pain 痛み全般に使えます
　ache 頭痛や腹痛、見た目ではわからない痛みです
　sore 目が赤い、腫れているなど、見て痛そうだとわかるような痛
　　　みに使います

Accidents　交通事故

焦れば焦るほど言葉にならない！

事故に遭った！　頭が混乱たところに、英語で状況を説明しないといけない！　イギリス滞在中にはそんな場面にあわないとも限りません。警察官や、助けに来てくれた人に説明するとき、あれこれ言葉を選びすぎて、かえって会話がわかりにくいものになってしまうケースがあります。

「どこで車にぶつかったのですか？」

「えーと、私があちらの方向から運転してきて車線をこっちに変更しようとしたら、後ろから来たあの車が…」というように、本当に知りたいインフォメーションをつかむことができません。一度に全部説明しようとせずに、聞かれたことに一つひとつ、短い言葉で的確に答えることを心がけましょう。

（交通）事故が起こりました	There has been an (a traffic) accident.
警察（お医者さん、救急車）を呼んでください	Please call the police (a doctor/an ambulance).
急いでください	Please hurry.
ケガ人がいます	There is an injured person here.
応急処置をしていただけますか？	Can anybody do first aid?
高速1号線にいます	I'm on the M1.
保険に入っています	I'm insured.

Help!　紛失・強盗

こんな時ほど頼れるホスト

　事故に遭ったり、紛失・強盗にあったりしたら、ホストファミリーにもきちんと報告するのを忘れないでください。後で警察から連絡が入って、その時に事情を知らないと、余計な心配をかけてしまうことになります。その後のいろいろな細かい手続きも、日本と違うため、わからなかったり、困ることも多いでしょう。そんなときは遠慮して自分だけで無理矢理対処しようとせず、ホストファミリーに相談をしてみてください。

パスポートをなくしました	I've lost my passport.
お財布を盗まれました	Somebody has stolen (pick pocketed) my wallet.
遺失物係はどこですか？	Excuse me, where is the lost-and-found office?
警察署はどこですか？	Excuse me, where is the police station?
鍵を探すのを手伝っていただけますか？	Excuse me, would you help me to find my keys, please?
クレジットカードを無効にしてもらえますか？	Excuse me, could you cancel my credit card, please?
新しいカードを発行してください	I would like to get a new credit card. Can you issue a new credit card, please?

サイモンの一言

トンネル・ビジョン

「郷に入れば郷に従え」。海外に出たら、言葉や文化、考え方を変えるだけではなく、その国の人がどんな行動をとっているのか、よく見て真似してみましょう。歩き方は？歩くペースは？順番の待ち方は？その国の人間になって溶け込むことが、冒頭でも言ったようにトラブルやアクシデントから自分の身を守る一番の方法であるといえます。

例えば欧米人に比べて、狭いといわれている日本人の視野。街を歩いていても、足元だけ、又は正面だけを見て歩いているか、そうでなければガイドブックを片手にキョロキョロと物を探しながら歩いている人は、すぐ日本人だとわかってしまうほどです。イン・コミュニケーションではこの狭い視野のことを、「トンネル・ビジョン」と呼んでいます。新宿駅でみられるような、人にどんどんぶつかっても全然平気なこの「トンネル・ビジョン」、海外ではとても危険なことです。悪い人にはすぐ「カモだ」と思って狙われ、自分からトラブルを引き寄せているようなものです。

日本人同士が道端であったら、町中で頭を下げておじぎをして他の通行人の邪魔になっていたり、のろのろと歩いて、その街の人の流れにのっていなかったりと、いくつかの「日本人」とわかってしまう行動パターンがあります。「視野を広く持つ」「その土地に観光で来ましたとわかる行動をとらない」を心得て、安全なホームステイを送ってください。

SIMON CHARLES RABONE

Chapter 7
カルチャー・ショック

　すっかり具合も良くなって、また
マザーと出かけたりお茶を飲ん
だりするように。残り少ない
滞在だし、ちょっとでも有
効にと毎日ばたばたしてい
る私を、マザーはおかしそう
に見ている。「残り少ないんだ
から、反対にゆっくり楽しめばい
いのに」と言うのだ！やっぱり日本人
には日本人特有の性格や行動があるらしく、マザーだけじゃなく、
ファザーも加わって大討論会になった。

　ファザーがしてくれたのは、前に泊まったことがあるある女の子
の話。「週末に家族で出かけるから一緒にどう？」　と誘ったときに
「行きたいけど…うーん」とはっきりしない。遠慮しているのかな、
と気を遣って「一緒に行き先を決めよう。どこへ行きたい？」と聞
いたところ、「みんなと同じでいい」だって。そしてなんと当日の朝、
「あんまり気乗りがしないから」と断ったというのだ！

　これはあまりにもひどい例だけど、「即答できないのは日本人の習
慣じゃない？」と言われると、私にも思い当たるふしが…。

　友達に誘われて本当はあんまり行きたくなくっても「いきなり断
っても悪いし…」と返事を延ばしてしまうことがよくある。結局2、
3日して断るわけだけど、その数日の間に誘った方の熱も冷めるから
ちょうどいいんだろうな、ぐらいに思っていた。

　そうそう、Noをはっきり言うと言われる欧米人だけど、ちゃんと
Noのあとに理由を説明するなど、それなりの気遣いもあるみたい。
日本人は必死に「No!」っていうから、そのあとが続かないんだっ
て！　それもそれで失礼なんだよね。

Be flexible!　いろいろな比較文化

その違和感を楽しんじゃおう!

　生活習慣の違いについては、折に触れて日常生活のシチュエーションの中で紹介をしてきました。この生活習慣は、ステイ中にもきっとホストファミリーが気付けば、「ここはこうするのよ」といって、いろいろ指摘してくれることでしょう。

　また、もう一点、海外で生活をしていく時に、カルチャーショックを起こす原因として考えられることがあります。文化の違いなどから来る、物の考え方や国民性の違いです。難しいのは日本では当たり前のことが、海外では通用しないこと。悪気はなく言ったり、やったりしていることが、相手に誤解を招いてしまうということです。この章では、その違いの数々を、キャラクター、ボディ・ランゲージ、言葉の3つに分類してみます。

　国際人と言われている人は、つくづく柔軟性（フレキシビリティー）に長けているな、と感じます。海外で生活をするということは、自分自身や、日本の文化、価値観などを客観的に見つめることのできる絶好のチャンス。「だから日本人って嫌よね…」といったコメントをするようになってしまうのではなく、「へえ、私たちってこんなところがあるのね」と受けとめるのです。それを不愉快に思う人の前ではやらなければいいだけ。どこの国にいても、日本人であることを失わず、それでいて異文化にうまく順応させられる、柔軟性をいつも忘れずにいてください。

Character　キャラクター

英国では英国人になりきる！

　一番時間がかかるのが、このキャラクターを変えるということではないでしょうか。でも「When in Rome, do as the Romans do.（郷に入れば郷に従え）」。私は日本人だから、と開き直らずにオープンになって自分を変えて、たくさんの人たちといい人間関係を築いていってはどうですか？

１ INDECISIVENESS（YES, NOをはっきり言わない）

　これは「日本人と言えば…」と、日本人のいけない性格NO1にまず取り上げられる項目でしょう。「今週末、友達みんなで出かけるけれど、一緒に来ない？」こんなお誘いを受けても、「スケジュールを調べてみてから」「今はちょっと決められない」。こんな日本人の返事にネイティブはとてもイライラしてしまいます。

　行きたかったらYES、あとは有言実行、スケジュールをなんとか工面して行くようにすればいいし、あまり興味がなければNO。いい顔をしておいて、直前にキャンセルをするほうが、ずっと失礼になってしまいます。「あの人に声をかけてもね…」などと、あいまいな態度ばかりとっていて、お友達をなくしてしまっていませんか？

２ 日本人の「我慢」「遠慮」は美徳ではない!?

　NOと言うこと、問題があったらはっきりと相手に伝えるのは、決して悪いことではありません。ステイ中にあちこち行きたい、と思っている人の中には、ホストファミリーが連れていってくれるのを期待している人もいるのではないでしょうか？

　「ホームステイが楽しくなかった」という人たちに聞いてみると、やりたい事ができな

かった、行きたいところへ行けなかった、と
いった愚痴が後からたくさん出てきます。そ
こで、「じゃあ、ホストファミリーに、自分
のプランを言ってみた？」と尋ねてみると、
ほとんどの人が言っていません。

　もちろん、ホストファミリーにだって都合
があります。忙しかったり、経済的に余裕が
なくて、いろんな所へ連れていってくれる家
庭ばかりではないでしょう。ですから「連れ
ていって」とお願いするのではなく、「I'm
thinking of going to 〜. Would you tell me
how to get there?（〜へ行きたいと思ってい
るんだけれど、どうやって行くのか教えても
らえますか）」と聞くこともできますよね。
「じゃあ、一緒に行こうか」となるかもしれ
ません。

　じっと黙って何も言わなければ、ホストフ
ァミリーもあなたが何を考えているのか、何
に悩んでいるのか、全くわからないのです。
もちろん、言い方にも気をつけなければいけ
ませんが、後になって「何で言ってくれなか
ったの !?」というこにならないように、問
題が大きくならないうちに、口に出してきち
んと伝えましょう。

3　日本人の１＋１＝１

　ある日、ホストファザーがあなたを含めて、
家族のみんなに聞きました。「今週末どこに
行きたい？」他の4人のメンバーは「郊外へ
ドライブとピクニック」。あなたは博物館へ
行きたいと思っていたのに、返事は「郊外へ
ドライブとピクニック」。そう、日本人はと
かくグループの中で自分の意見を言うことが
苦手なよう。他の大多数の意見と違うことを、
思っていてもなかなか言えません。

　ネイティブ・スピーカーの場合、１＋１＝
２、つまり、2人に意見を求めれば、２つの
答えが返ってきますが、日本人は１＋１＝１。
2人に聞いても、同じ意見や答えが返ってく
ることが非常に多いのです。海外では出る杭
は打たれません。自分のポリシーや考えがあ
ったら、まずそれを言ってみてください。

4 NERVOUS LAUGHTER　日本人の照れ笑い

　　英語がわからなかった、失敗してしまった、そんな時、へへへ…と笑ってその場をごまかしてしまってはいませんか？この日本人の照れ笑いは非常に嫌われる行為の１つです。日本人の国民性を理解している人であれば、「日本人だから…」と見逃してくれますが、知らないと「人が真面目に話しをしているのに、何故笑うんだ！」と言って怒り出す人もいるので、絶対にしないでください。「だって、緊張してしまったから…」なんていうエクスキューズは通用しません。ただ相手をバカにしている失礼な態度としてしか写らないのですから。ミステリアスな笑顔は、チャーミングでも何でもないのです。

5 SOCIALIZING SPIRIT

　　海外に旅行をすると、公共の乗り物やレストランで隣に座った人が気さくに話しかけてきてくれたりします。ところが日本の場合、英会話スクールで一緒にレッスンを受ける人たちが、小さいブースの中にいて待っていても、ほとんどお互い話をしないばかりか、挨拶だってすることがありません。社交性に欠けているわけです。パーティーなどの席では、知っている人同士が固まってしまって、同じグループの人としか話しをしない。とてももったいない話です。

　　たった一言、"Hello"または"Excuse me."を言うだけで、新しい出会いが始まるかもしれません。せっかくお金と時間をかけて海外に来たのですから、自分でどんどんチャンスを作りだしていかなくては。

Body language　ボディ・ランゲージ

気を付けて!　その仕草は嫌われる

多国籍の人々が集まる国では、その人のボディ・ランゲージを見ればどこの国民かがわかるそうです。ちょっとした動きが失礼になってしまったり、奇妙だったり…「あらっ!?」と思いあたるものがあれば、是非直しましょう。

1　EYE CONTACT

日本では人と話しをする時に、あまり相手をじっと見詰めるのは、時によって失礼とされています。ところが海外では逆。相手と目を合わせずに話すのは、とても失礼になってしまうのです。「自分の話を聞いていない」「コミュニケーションをしたくない」といったメッセージを相手に送っていることになります。言葉よりもなによりもアイ・コンタクトはコミュニケーションの基本。必ずとって、話をしてください。

2　むやみに顔をいじらない

人と話をしている最中に、髪の毛をいじったり、顔を触ったりする癖はありませんか? これは、やはり失礼なマナーになるのでやめましょう。もし必要であれば一言、"Excuse me."と言って、目がねを直したり、顔に触れたりするようにします。食事の席で女の子が髪をいじりながら「やだあ〜」と言っている、日本では一般的に「かわいい」とされている仕草も、海外に行けばただの「不潔」な行為にしか映りません。絶対に食事の席ではしないでくださいね。

3 SAFETY ZONE

　　オーストラリアの人から、こんな事を聞か
れました。「日本人は、何も言わずにいきな
り近づいて話しかけてくるけれど、急に近寄
られて嫌じゃないの？」少々、難しいお話に
なりますが、人間が安全と感じられる距離感
は約、腕一本分の長さだと言われています。
これより相手から近寄られると、危害を加え
られる可能性があるため、自然と警戒心が働
きます。

　　ところが近代では、特に東京のような過密
した都市では、その距離感が麻痺してきてし
まっています。人にぶつかりながら道を歩い
たり、満員電車に乗りつけているおかげで、
人に触れたり、異常に接近しても、それが当
たり前、自然なことになっています。

　　でも、海外ではそうでない場所がまだまだ
多いのです。いきなり近づいたり、触れられ
るのを嫌います。そうしないといけない時は、
やはり一言、"Excuse me."と声をかけます。
親しくなっても、あまり軽々しく身体に触れ
られるのを嫌がる人もいますから、注意しま
しょう。

4 HAND POSITION

　　何も持たずに立つ時、あなたは手をどこに
置くでしょうか。日本では、手を前にもって
きて軽く両手を合わせるのをよく見かけま
す。海外、特にキリスト教、イスラム教の
国々では、宗教的背景から下半身に関するこ
とはタブーとされている為、手を腰より下の
位置にもってくることはしないようです。イ
ギリスでは、お葬式のときにこのようなボデ
ィ・ランゲージをとります。もし前にまわす
のであれば、腰より上の位置で手を重ね合わ
せるのが上品とされています。もしくは、両
手を身体の横に自然に下ろします。

Language　言葉

言っちゃった…学校英語の落とし穴

英語に喋り慣れるようになるまでは、ニュアンスがなかなかわからないため、どうしても表現がダイレクトになってしまいがちです。でも、いくらつたない英語とはいえ、言ってはいけないこともたくさんあるのです。英語を話すときに是非とも気をつけたい、日本人がよくやってしまう例をいくつか紹介していきます。

1 パーソナルな質問

　あまり親しくないのに、いきなり"How old are you?" "Are you married?"とパーソナルな質問をいきなりするのはとても失礼。欧米圏の人は、日本人に較べてオープンなキャラクターとはいっても、親しくもない人に個人的なことを聞かれるのは"It's none of your business.（あなたには関係のないこと）"です。また、親しくなったとしても、人によってはこういった個人的な立入った質問をされるのを嫌う場合もあるので、結婚暦、お金に関することなどはなるべく避け、聞くときは、質問の仕方に充分注意します。
"Excuse me, may I ask how old you are?（年齢をお聞きしてもいいですか？）"
"Excuse me asking, but are you married?（個人的なことをお尋ねしますが、ご結婚されていますか？）"

2 身体的なコメントは避ける

　日本ではお酒の席で、「（お酒がまわってきて）あ、顔が赤くなってる！」というのは、失礼でも何でもありませんが、海外に行ったら"Oh! Your face is red!"なんて、間違っても言わないでください。顔、身体に関するコメントはとても失礼なのです。"You've got a big nose.(鼻が大きいですね)" "You are very hairy.(毛深いですね)" 日本語でも、言われれば「！？」むっときてしまうようなコメントを、日本人は平気で英語でしてしまいます。言うのは絶対、良いコメントだけにして下さい。

3 SheとHe

「彼女はね」「彼はね」、日本では普通に使っている「彼女、彼」。英語で「She, He」を使うときは、使う場面にちょっと注意！　グループで話しをしていて、その中の一人のことを他の誰かに「彼ってね…」と説明したい時、「He」と言ってしまうと、言葉のニュアンスは「彼」ではなく、「あいつ」に変わってしまいます。必ず「John is…」というように、その人の名前を使って話してください。身に覚えがないのに相手がむっとしていたら、もしかしたらこのShe, Heが原因だったのかも！？

4 hateとliar

「I hate her . (私、彼女のこと嫌い)」
「You are a liar. (あなたってば、嘘つきね)」
日本語のつもりで軽くいったことが、非常に相手を傷つけてしまう、というお話です。ネガティブな言葉を使うとき、特に上のような嫌い、とか嘘つきとか、人に関わることは、日本語の意味そのままで使用するのはとても危険です。「I don't like〜.」や「I dislike.」「You are a fibber.」「You are fibbing.」などが、日本語の嫌い、嘘つき、に近い意味をもつ言葉です。ネガティブな言葉は使わないようにするのが一番ですが、使わないといけない時は、辞書でちゃんと意味、使い方を確認してからにしてください

言っちゃダメ！　− play −
（イギリス人のダブル・ミーニング）

　イギリス人な言葉のダブル・ミーニングでジョークを楽しんだり、人をからかったりするのが大好き。英語には表現の仕方で、全く違った意味やショッキングな意味になるものがたくさんあります。ノンネイティブであるあなたが「I played with my friend last night.」と言ったとき、イギリス人はきっと言わんとしていることがわかったうえで、わざと「Was it exciting?」と聞いてくる人が結構いるでしょう。このように大人が使う「I played with my friend last night.」がどんな意味になるのかは、ご想像にお任せします。この会話の流れから、あなたは推測できるでしょうか…？

言っちゃダメ！　− get up −

Would you get me up tomorrow, please?は、
明日、起こしてもらえますか？
Would you get up me tomorrow, please?は、
明日、犯してもらえらえますか？

　meの位置を間違えてしまうと、このようにとんでもない意味に。しかしながら、よく日本人はこのいい間違えをしています。こういうショッキングな意味になってしまうものは、なかなか間違えた相手に指摘しにくいものです。英語に限らず、世の中にはきれいな言葉だけではなく、ショッキングな意味を持つ言葉、汚い意味を持つ言葉、いろいろな言葉や表現が存在します。知識として「覚えて」。でも「使わないで」が私たちのポリシーです。存在する限り、いつかどこかで、耳にする機会があるかもしれないのですから。

所変われば英語もかわる

イン・コミュニケーションで英語を習いたい、とやってくる人たちの中に「私はイギリス英語を習いたい」「アメリカ英語は教えていないのですか」という質問がよくきます。アメリカ英語、イギリス英語、と一口で言っても日本語同様、東西南北行く場所によって、またその家族の生活レベルなどによって言葉は違うため、「〜英語」に固執しすぎてしまうのは、どんなものかと思います。ある雑誌でこんな記事を読みました。アメリカで、男の子が"I would love to〜."と使ったら、それは女っぽい言い方だと女の子にからかわれたそうです。イギリスでは男性でも"I would love〜."と言うし、アメリカでもきちんとした場では使われている表現です。普通の英会話スクールで問題なのは、先生の個人的な見解で自分の使っている英語を「これが英語」とノンネイティブに教えてしまうことだと思います。生徒は習った英語を海外に行って使ったら、"We don't say that."と言われ、あの先生は私に間違った英語を教えた、私の英語は間違っている、と思い込んでしまう人がいるからです。でも、そのような考え方をするのも間違い。言葉は万華鏡のようにその土地、人、時代によって変わっていくのですから。もし、あなたが学校の先生や、ステイ先の家族、友達などに"We don't say that."と言われたら、"Do some people say that somewhere in the world?"と聞いてみてください。きっと"Yes"という答えが返ってくるはずです。「〜英語」にこだわることなく、その場所、シチュエーション、マナーで使い分けられるような英語を是非しゃべれるようになってほしいと思います。

サイモンの一言

SIMON CHARLES RABONE

Chapter 8
ホームステイを終えて

　明日でこの家ともお別れ。1カ月しかいなかったのに、とっても長い間いたような気がする。単にマザーやファザーと気があったというだけじゃなく、他人同士だからこそちゃんと向き合わないと、と思ってお互いに仲良くなる努力をしたからだ。

　最初はきっと不思議だなあ、とかヘンだなあと思われたこともいっぱいあったと思うけど、教えてもらったり、こちらが理由を説明したりして勘違いや誤解を解いてきた。

　世界には違う考え方や習慣があるんだなって、どっちもおもしろがっていたから、よかったのかもしれない。もしあんまり真面目に「ブンカのソウイ」なんて言っていたら、たぶんもうちょっと疲れちゃったと思うから。たまに関係性が悪くなっても、ちゃんと回復できることがわかった。それは海外の人だから、とかだけじゃなく、日本の友達でも同じかな。

　今度はマザーとファザーが日本に遊びに来たい、と言ってくれている。私は一人暮らしだから私の家には泊めてあげられないけど、実家のお父さんとお母さんに紹介したい。うちの実家は田舎だから、マザーとファザーが来たら、またいろいろな勘違いや誤解や、新しい発見がいっぱい出てくるだろうな。それもそれできっと面白いはず！

　明日はお昼の便だからゆっくり別れを惜しんでもいられない。今日のうちにちゃんとお礼を言っておかなくちゃ。短いようで長い間、本当に本当にありがとうございました！

Good byes　さよならを言う

新しい関係のための「さよなら」

とうとう、ホストファミリーにお別れをする時がやってきました。ステイ期間を改めて振り返って、あなたのゲストとしてのマナーはどうだったでしょうか？コミュニケーションをとる時間を積極的にもって、英語力も上げることができましたか？

カルチャー・ショックを受けたり、ホームシックになったりと、楽しいことばかりではなかったかもしれませんが、日本人というものや日本の文化を考えてみたり、自分自身を客観的に見つめたり、英語がもっと話せるように

なりたいと感じた数々の刺激は、きっといい形で皆さんに返ってくることでしょう。

ホストファミリーの家にステイするのはこれで終りですが、これからが色々な意味での「始まり」でもあります。もしかしたら、今度はホストファミリーが日本にやって来て、あなたの家にステイすることになるかもしれません。いい関係をこれからも続けられるように、あなたの感謝の気持ちを言葉できちんと表してホストファミリーにさよならをしましょう。

大変お世話になりました　Thank you very much for all you've done for me.

ステイさせてくれてありがとう　Thank you for having me.

いろいろありがとうございました　Thank you for your hospitality.

長いことお邪魔いたしました。お世話になりました　Thank you for puttingu up with me and my selfish ways.

いろいろとご迷惑をおかけいたしました　I hope I haven't caused you too much trouble or concern. If have, I'm awfully sorry. I do apologize.

Do 感謝の気持ちを言葉できちんと伝えましょう
Do 部屋など、自分が使ったものはステイする前の状態にすべて戻しましょう
Do 最後の掃除は念入りに
Don't 自分の私物を残していかない

英語で「お世話になりました」ってどう言うのかしら…？と思ったことはありませんか？その他にも「お手数をおかけしました」や「お邪魔しました」など、日本には感謝の気持ちや表現をする美しい言葉がたくさんあります。このような日本独特の言い方を、直接英語に翻訳して使うことはできません。しかしながら、英語にも上のようにいろいろな「Thank you」の表現があります。Thank you very much for all you've done for me.は字面だけで直訳すると「今まで私のためにしてくださった全てのことに感謝します」Thank you for putting up with me and my selfish ways.は「私と私のわがままなやり方に我慢してくれてありがとう」といった感じになりますが、そんな言い方は私たちは決してしませんね。あなたがホストファミリーに言いたい「本当にありがとう」という気持ちを伝えたい時、そのシチュエーションではどんな表現を使うでしょうか？シチュエーションの中で自分の気持ちを結び付けて、感じて、言葉で表現することで言葉は本当に価値をもちます。テキストから英語を暗記したものを「使う、口から出す」だけでは、言葉を話せるとは言えないのです。

Reflection　日本に帰ってきたら

Thank you letterを出そう

　自宅に到着したら、無事に着いた旨の電話を一本ホストファミリーに入れましょう。「日本に無事に着いたかしら？」時計を見ながら、あなたのことを考えているかもしれません。それからThank you letterを出します。お礼状はできるだけ早く。帰ってきてから1週間も2週間も間を置いてから、手紙を出さないように。何かお礼をしたい、と思ったら一緒にギフトを送ってもいいかもしれません。

　欧米圏ではカードを頻繁に送る習慣があります。お引越しをした、結婚した、赤ちゃんが生まれた、学校を卒業した、自分の身近な出来事を知らせるのはもちろん、ホストファミリーから近況が来たら、長い手紙である必要はありません。是非カードでお祝いや、お見舞いをこまめに出しましょう。「ホームステイをしてきた。楽しかった」でおしまいではなく、このステイで始まった人間関係を大事に温めていってください。そして、またいつか会える日を楽しみに待つことにしましょうか。

　Do 帰宅したら、電話を一本かけましょう
　Do Thank you letterはとにかく早く書いて、送りましょう
　Do カードでこまめに近況を報告しあいましょう
Don't ステイ中に、あなたがホストファミリーから受けたもの（たくさんのhospitality）を決して忘れないでください

あ と が き

マナーやエチケットという言葉は、硬い、時には気取った言葉のようにも聞こえますが、結局「相手の立場を思いやりながら、同時に自分はどう行動をとって、相手に接するかを考える」「相手を不快にさせないように、どんな言葉づかいや表現をしたらいいのか」につきるような気がします。イン・コミュニケーションではこれをCommon SenseとAwarenessだよ、と毎日のようにレッスンの中で繰り返しています。辞書で意味を引くと、Common Sense,は常識、良識、Awarenessは気配り、とでていますが、この2つの言葉はこんな簡単な単語では説明しきれない、奥深い意味を持つ言葉だと思います。

英語でずっとコミュニケーションをとれるようになりたい、と小さいころから思っていた私も、やっぱり海外に行くのであれば一度はホームステイをしたい、と思っていました。最初のホームステイはオーストラリアで1ヶ月でしたが、この本を書きながら改めて自分のステイを振り返ってみると、恥ずかしくなるような多くの反省点が出てきます。

現在ではイン・コミュニケーションで週末ホームステイのコースに同行して、いってみればホステスの立場でホームステイプログラムに参加をしています。これまでたくさんのゲストをお迎えして、それと同時に日本人がやってしまいがちないけないパターンもゲ

ストの数だけみてきました。一般的に日本人の留学生は、他の国の留学生に比べて欧米のマナーや文化を理解しているという声も聞いたことがありますが、たった2泊3日の短いステイでも、いろいろな失敗がでてきます。でもその失敗の数々は、実際に自分がホームステイをしてみないと出てこないことですし、またそれが失礼かどうかは、コースでサイモンやグレッグが指導しているように、誰かに指摘されなければ気付かない難しさがあり、多分普通のホームステイでは、ゲストとして皆さんをお迎えしている以上、気付いても注意をしてくれる人はいないでしょう。「あの時これを知っていたら」「あの時にこの一言が言えていたら」、そ

んな自分の反省点と、今までの経験を通して、是非これは知ってほしいゲストとしてのマナーと英語をまとめてみました。この本を読むことで、少しでもCommon SenseとAwarenessに対する理解を深め、楽しいホームステイプログラムが送れる手がかりをつかめていただければ幸いです。

最後に、企画から出版に至るまでお世話になった編集の永坂さんをはじめ株式会社カンジの皆さん、本のイメージにピッタリの素敵なイラストを描いてくださった成井真理子さん、留学センターカウンセラーの岩月さんご協力くださった全ての方に感謝いたします。

渡辺奈都子

著 者 紹 介

監修：サイモン・チャールズ・レイボーン

1952年ジンバブエ生まれ。13歳までの初等教育をボーディング・スクールで過ごし、コロニー時代の正統で、かつ厳格な英国の教育を受ける。'95年、英会話学校イン・コミュニケーションを創立。学校時代に自らが受けた教育と、25年以上にわたる英語教育と日本での生活を活かし、独自の方法で「英国王室にも通用する英語とマナー」を指導。

著者：渡辺奈都子

1969年生まれ。鹿児島純心女子短期大学卒業。大手電機メーカーに勤務後、'95にレイボーン氏とともにイン・コミュニケーションをスタート。マネージャーとして勤める傍ら、英国ナショナルトラスト等に関する活動を通して、通訳・翻訳としても活動。

協力：岩月真理

イギリスでのホームステイの経験は10数回。大学卒業後ドイツ、デュセルドルフの旅行会社に10年勤務。長い海外生活で得た知識と経験をもとに、イギリスの留学やホームステイの手配をおこなう英国語学留学センターのカウンセラーとして活躍中。

イギリスでホームステイ
女王の国のマナーブック

※定価はカバーに表示してあります
2002年2月5日　第1刷発行

監修　サイモン・チャールズ・レイボーン
著者　渡辺奈都子
発行人　山本昌幸
編集者　永坂佳子
発行　（株）カンジ
〒160-0001
東京都新宿区片町6番地　合羽ビル
TEL 03-3354-8437

発売　株式会社　ワンツーマガジン社
東京都台東区浅草橋1-13-3
ユニビル4F
TEL 03-5825-1212

印刷・製版　中央精版印刷株式会社

ISBN4-901579-07-X　C0026
PRINTED IN JAPAN

はじめてのホームステイは不安がいっぱい…
そんな時はイン・コミュニケーションへ！

　「海外で生活をするためには、その国の文化や考え方を理解することが必要」「生きた英語を身につけるためには、暗記するのではなく、習ってその場で使える環境とシチュエーションが大事」そんな概念を基に、ユニークな方法で英語とマナーを指導しているイン・コミュニケーションでは、ホームページで英語に関するあらゆる質問にお答えしてしています。

　「こんなシチュエーションでは、どんな英語を使えば丁寧な言い方ができるの？」ホームステイに行くけれども不安を抱えている、英語の勉強の仕方に疑問を感じるなどの皆さんの質問、疑問にサイモンをはじめとしたイン・コミュニケーションのスタッフがアドバイスをいたしますので、ご質問のあります方は、以下のホームページをご利用ください。

http://www.incommunication.co.jp/